仕事のアイデアはみんなドラえもんが教えてくれた

ビジネスコンサルタント
渡邊健太郎

青春出版社

僕がビジネスでドラえもんのひみつ道具を使う理由

単刀直入に言いますが、僕はビジネスを立ち上げたり、改善したりするとき、よく「ドラえもんのひみつ道具」を使っています。こういうと、ちょっと語弊があるので言葉を足すと、**よく「ドラえもんのひみつ道具」をヒント**にしています。

何だか突拍子もない話に聞こえるかもしれません。でも、ひみつ道具って実はビジネスに無茶苦茶役立つんです。**のび太を助けるだけじゃありません。私たちのビジネスも助けてくれます。**どうやって使っているかは第2章〜第4章で詳しく話しますが、とにかくここでは、ひみつ道具が現実のビジネスの世界で非常に使えるものであることを、頭に入れてほしいのです。

ひみつ道具がビジネスに使えることに最初に気付いたのは、僕が学生起業家としてビジネスを始めた頃。僕は小さな頃、ドラえもんの大ファンだったのですが、再びじっくり読み返してみると、**ひみつ道具ってビジネスに応用できるのでは**と考え始めたのが発端です。

ひみつの道具のおかげもあって、学生時代に高齢者向けPCスクールを立ち上げたり、大手企業と組んで、PCソフトの開発・販売なども展開。その後は堀江貴文さんが率いていたライブドアに参画し、数々のWebサービスもリリースしました。

そして、2004年には若い女性向けにカラーコンタクトレンズ事業を開始しました。「デカ目になれる、目がはっきりした美人になって、自信が持てる」という売り文句で雑誌などに広告を掲載したところ、これが大ヒット。もちろん、失敗も数多く経験してきましたけれど。

今は通販事業やWebサービス開発のコンサルタント事業、セミナー・講師事業なども合わせて展開し、**年商15億円という数字が作れるようになりました。**

僕は〝リアルのび太〟だった

ただ、今は何とか事業が上手くまわっている僕ですが、子どもの頃はヒドイものでした。父親の仕事の関係で引っ越しが多く、転校先ではよくいじめにあっていたし、運動神経も悪く、頭も悪くて、のんびり屋の怠け者。メガネをかけていて、泣き虫。これって……そう、まさにドラえもんに登場するのび太。**子どもの頃、僕は〝リアルのび太〟だった**のです。

ドラえもんは大好きでした。漫画は何度も繰り返し読み、自分と同じ境遇ののび太に共感していました。それに転校ばかりで友達がいなかった僕は、ドラえもんみたいな友達がそばにいたらどんなにいいだろうと思っていました。そして、あの道具があれば……。漫画を読んでは妄想する日々を過ごしていました。

でも、リアルのび太といっても、のび太と僕とでは決定的に違う点もありました。それは、**のび太は長所がないように見えて、実は非凡な才能を持ち合わせていた**ことです。

のび太のダメっぷりがあまりにも際立っているために、その才能は隠れてしまい、皆さんは気付いていないかもしれません。しかし、実は、のび太は非常に豊かな発想力を持っていて、**一見役に立たないようなひみつ道具でも、工夫して使えるようにした**例がいくつもあります。また、**商売のセンスも非常にいい**のです。ストーリーの中では**ひみつ道具を使った事業をいくつも立ち上げています**。詳しくは第5章「デキる21世紀型人材になりたければ『のび太』を目指せ!」で説明しますが、僕はこののび太の才能に秘かに敬意を持っていました。

さらに、のび太には別の才覚もあります。ドラえもんは劇場版がいくつも上映されていますが、映画の中ののび太は**リーダーシップ精神に溢れ**、ジャイアンやスネ夫、しずかちゃんのまとめ役として活躍していたのです。僕にとっては、眩しい存在でもありました。そして「いつか僕ものび太のように、発想力や商才、リーダーシップを発揮できるような人間になりたい」と思うようになりました。

日常の生活はダメダメでも、いざとなった時にあきらめず、頑張れるのび太。僕にとってのび太は、共感できるキャラクターであると同時に、憧れの存在でもあったのです。また、最後のギリギリのところまで**あきらめずに踏ん張り、何度転んでも起き上がればいいという僕の思考も、自然とのび太の影響を受けている**のでしょう。

アナタはいつでもすげ替えられる存在？

ところで、僕は「これからの社会で稼げる人間になるためにはどうすればいいか」ということを日頃から考え、セミナーなどを通じて皆さんに広くお伝えしています。その際にもお話しすることですが、ビジネスマンには6種類の人材がいると考えています。

1つ目が**アベレージマン**。可もなく不可もなく、あるものを売ってこいと指示されれば、言われたノルマだけはこなしてくるごく平均的な人材です。**漁師にたとえたら、ある程度魚が獲れて、売ることができる人**たち。日本で最も多いビジネスマンのタイプです。問題は、平均的だから、雇用する企業からすれば誰でもいいということになり、いつでもすげ替えられてしまうということ。言ってみればトレードがきいてしまうんです。だからいつクビを宣告されるかわからない。**平均的であることは今の時代、最大のリスク**です。

2つ目が**スペシャリスト。漁師で言えば、1人でたくさんの魚を獲れるスキルを持っている人**です。これは、一見素晴らしい人材のように思えます。でも、問題はツブシがきかないこと。例えば、コピー機を売らせたら人の何倍も契約を取ってくるけど、他の商品を任せるとどうにも売れなかったりします。会社が潰れたり、部署が廃止されたりして、いざ他のビジネスをしなければならなくなったとき、使い物にならない可能性があります。あるいは、士業も最近では厳しいですよね。税理士や弁護士という**資格を取ってスペシャリストになっても、それだけでは食べていけない世の中**です。

3つ目が**マーケッター。漁師にたとえると、獲れた魚を加工したり、ブランド化したりして付加価値を付けて高く売ることができる人**です。例えば弁護士で言えば、M&A専門の弁護士です。M&Aの専門性があれば、好景気なら多くの企業が他社を買収しようとするので仕事が増え、不景気になってもリストラ案件が増えるので仕事にあぶれることがない。いつの時代も食べていけます。消費者金融から払い過ぎた金利を返還請求することを専門にする弁護士も、今引っ張りだこですよね。また離婚専門の弁護士もいいと思います。とにかく付加価値を付ければ、高く売れるし、食いっぱぐれもないということです。

４つ目は**レボリューショナー。漁師で言うなら魚を獲る新しい仕組みを作り出す人**です。僕が時々利用するのが、朝10時～翌朝４時まで営業している東京・東中野のケーキ屋さん**「ドロップス・スイート・ラボラトリー」**。普通、ケーキ屋さんって夜6時か7時で閉店でしょう。でもここは夜中にも営業していることを売りにしている。主にどこから注文が入るかと言えば、新宿・歌舞伎町などのホストクラブやキャバクラ。ちょうど午前0時の日付がかわる瞬間に誕生日を祝ってほしいというホストやキャバ嬢、祝ってあげたいというお客さんのニーズを捉えたのです。これはまさにケーキ屋業界の慣例を根底から覆して、新しい需要を掘り起こしたレボリューションと言えます。全く新しい仕組みを作ったり、これまでにない方法を考えられたりする能力があれば、どの業界、どの時代でも通用します。

５つ目が**キャプテン。漁師で言えば、多くの漁師を配下に置いて、コントロールする元締め**です。前述のケーキ屋さんの例で言えば、朝まで営業するケーキ屋のフォーマットやノウハウをまとめて「朝までケーキ屋協会」を立ち上げ、ＦＣ展開することができる人材です。会社の中でもアベレージマンやスペシャリスト、マーケッター、レボリューショナーを束ねてマネジメントできる人材で、こういう人たちも今後十分に食べていくことができます。

そして6つ目が**キャピタリスト、投資家**。新しく立ち上げるビジネスに対し、マーケッターやレボリューショナー、キャプテンなどをかき集めて組織の枠組みを作ったり、資金的な支援をしたりする人たちです。

ひみつ道具を使いこなせば、必要とされる人間になれる！

あなたはアベレージマンになっていませんか？　もしくはスペシャリストになっていませんか？　いずれも未来は明るくないですよ。

僕が本書で伝えたいことは、自分の立ち位置に気付いていなかったり、頑張っているつもりなのになかなか結果が出せずあきらめかけていたり、いつまでこんな働き方を続けるんだろうと将来に希望が持てなくなっている人でも、マーケッターやレボリューショナー、もしくはキャプテンになることで、これからの時代に必要とされる、自立した人間になれるということです。

そのためにどうすればいいか。ここでドラえもんの話に戻りますが、**のび太のようにドラえ**

もんのひみつ道具を上手く使えばいいのです。その方法をこれから本書で学んでください。

ビジネスの場面でも、ひみつ道具を上手くヒントにして、新しい商品や新しいサービス、新しい売り方や売る仕組みを作って、大いに儲けたり、成功していきましょう。ひみつ道具を発想のタネにし、使いこなすことによって、今の会社でも、あるいは起業しても、一目置かれる存在になることは間違いありません。

さあ、みんなでひみつ道具を使いこなそう！

２０１３年夏
渡邊健太郎

仕事のアイデアはみんなドラえもんが教えてくれた　もくじ

第3章 ひみつ道具をヒントに新商品・新サービスを作って儲けよう

第4章 ひみつ道具をヒントに最強の売り方・売れる仕組みに変えよう

第5章 デキる21世紀型人材になりたければ「のび太」を目指せ！

注：本書に掲載されている情報・数値などは、特に断りのないものは、2013年7月現在のものです。

第１章

「こうできたらいいのにな」発想でビジネスも自分も成功する！

ひみつ道具の原点は「モシナラ」発想 ビジネスに応用して革新的な価値を生む！

具体的なドラえもんのひみつ道具の使い方に入る前に、そもそもひみつ道具はどのような発想で生まれてきているのかを、押さえておく必要があります。なぜなら、**その本質を知ることによって、それぞれのひみつ道具をビジネスのヒントにする際に、よりアイデアが浮かびやすくなったり、考えがまとまりやすくなったりする**からです。

では、ひみつ道具が生まれる根底にある発想とは何でしょうか。ひと言で言えば**「もしこうできたらいいのにな」という発想で、略して「モシナラ」発想**です。ひみつ道具は約1300個あると言われていますが、すべてこのモシナラ発想から生まれています。タケコプターは「もし空を自由にとべたなら」。どこでもドアは「もしすぐに好きな場所に移動できたなら」。暗記パンは「もし簡単に覚えることができたなら」。すべてそうですよね。**このモシナラ発想がビジネスマンにとっては、実は非常に大事**なんです。

そして、僕がモシナラ発想をする時に起点としているのが、人間が「ほしい」と思ったり、逆に「なくしたい」と思ったりする左記の4つの心理です。

❶人間の3大欲求
❷不安解消
❸コンプレックス解消
❹イライラ解消

僕はいつもこの4大心理からビジネスを発想するようにしています。

4大心理とモシナラ発想でカラコン事業が大ブレイク

詳しく説明しましょう。まず、**❶人間の3大欲求とは、「食欲」「睡眠欲」「性欲」**です。言い換えれば、**食べたい、休みたい、愛されたい**ということです。この3大欲求は誰にでもあるものなので、これを上手く満たしてあげることがビジネスを成功させる鉄則と言えます。

そして、**❷不安解消、❸コンプレックス解消、❹イライラ解消**。

不安は健康やらお金のことやら、人間に延々とつきまとうものですよね。1つ解決しても、また新しい不安がやってきて、止まることは決してない。

また、コンプレックスは美容整形が典型例ですが、どこか1ヶ所直すと、また他の部位が気になってしまい、ずっと繰り返すと言うじゃないですか。見た目じゃなくても、頭の中身や生い立ち、学歴、経歴など、誰でも何かしらのコンプレックスは持っているものです。

さらに、ストレス社会となっている今は、誰しもが何かしらのイライラのタネを抱えているもの。**これらを解消しようとすることがすべてビジネスになり、しかも人間心理の本質を突いているため、成功する可能性が非常に高くなります。**

僕が大当たりしたカラーコンタクトレンズの事業も、❶〜❹とモシナラを掛け合わせて発想したものです。つまり、デカ目になれるカラコンを付けて可愛く見せることによって、「もし目を大きくすることができたら、『モテる（愛される）』、『小さい目というコンプレックスを解消できる』、『不安を解消できて人生に前向きになれる』」という効果が期待できる。だから、多くの若い女性の心を掴み、大ブレイクさせることができたのです。

〝のび太モデル〟を起点にモシナラ発想する！

この４大心理とモシナラ発想でビジネスを考えるときにも、実は**のび太の存在が非常に役に立ちます**。のび太はすぐお腹を空かせるし、眠たくなるし、ブサイクなのにモテたいと思っているし、まさに**人間の欲の塊**じゃないですか。それに加えていつも不安を抱え、イライラしていて、コンプレックスを持っている。言ってみれば、**〝４大心理全部のせ〟のキャラクター**なのです。

元々、この〝４大心理全部のせ〟ののび太を助けるためにひみつの道具があるわけなのですが、いわば**〝のび太モデル〟を起点に「もしのび太がこうできたらいいのにな」とモシナラ発想をすれば、色々とビジネスアイデアもわいてくる**はずです。

さて、モシナラ発想は、アイデアがたくさん浮かんでくると同時に、もう１つ大きなメリットがあります。それは**「思考のストッパーを外せる」**ということです。ビジネスのアイデアを考えるときは、往々にして「これは無理じゃないか」、「前例がないから難しいかも」と考えがち。でも**モシナラ発想では、「もしこうできたらいいな」と、いわば空想的に考えることが基本なので、「無理」とか「難しい」とか余計なことを考えて、思考をストップさせることがな**

くなります。

これって非常に大切なことです。なぜなら、**従来は勝手に限界を設けて「できない理由」をあれこれ挙げていた**のに対し、モシナラ発想では、**「それならどうやったら実現するだろうか」と「できる理由」を考えられるようになるから。**いってみれば、ネガティブスイッチをポジティブスイッチに切り替える役割を果たしているのです。

僕が好きな会社で**「オーシャナイズ」**という会社があるのですが、そこが提供している**学生向け無料コピーサービス「タダコピ」**は、まさにモシナラ発想から生まれたものでしょう。

ただでコピーができるなんて常識的にはあり得ない。でも空想的に**「もしコピーがタダだったら」**と考えてみると、「ではコピーをタダにするにはどうすればいいか」と発想が展開し、**「だったらコピー用紙の裏に広告を掲載してそこから収益を上げればタダにできる」と「できる理由」**が導かれます。

「タダなら学生にとっても有用」と、今では全国津々浦々の大学が導入し、非常に成功している商売としてマスコミでも何度も取り上げられています。無料コピーによって**学生たちが金銭的な不安やイライラを解消できる**こともポイントです。

自己実現にもモシナラ発想は役立つ

一方で、**モシナラ発想は自己実現にも活かすことができます。**頑張っているのにうまくいかない人にとっては非常に有効なやり方なので、覚えておいてもらえればと思います。

例えば単純な話、**「もし自分がカッコよくなったら」**とモシナラ発想をした場合は、実際にイケメンがしそうなことを先取りしてやってしまうのです。イケメンが使いそうなハンカチを買う、いい匂いをさせる、流行りのカフェに行く。ちょっとした出費で色々なことができます。

あるいは、**「もし自分が金持ちになったら」**と発想した場合は、実際に金持ちがやりそうなことをできる範囲で日々の生活に取り入れます。高級なコップを使う、高級な財布を使うなど何かしらできるはず。逆にやりそうもないことはやめる。金持ちって電車に乗りそうもないなと思ったら、その日から使わないようにします。

僕も30歳のときに**「もし自分のホテルを持つことができたら」**とモシナラ発想をして、ホテルを建てたときに使うであろう、スリッパやロウソクなどを購入。徐々にホテルグッズが揃って、最終的にはカンボジアで本当にホテルをつくるに至りました。

こんなものが必要だな、こんなことをやっているはずだなと空想し、それをどんどん実行していく。すると、それがいつか現実になる。日々のビジネスでモチベーションを高めるために、この発想を使ってもいいのです。例えば、**「もし1日1個のノルマを1万個に増やしたら」「もし10倍の予算を投じられるとしたら」**など。そのために必要なことを日々少しずつ取り組めば、いつか実現します。これは僕だけでなく、多くの成功者が実践していること。取り入れれば理想が現実になりますよ。

さて、話を本題に戻します。皆さんも4大心理とモシナラ発想を使って、**自分が売っている商品やサービスで、どんな欲求を満たすことができるか、あるいはどんな不安やイライラ、コンプレックスを解消できるかと考えていけば、色々なアイデアが浮かんでくる**と思います。それが商品、サービスの改善につながったり、全く新しいモノを作ることに発展したりもするでしょう。

具体的なプロセスとしては、まず、モシナラ発想で課題を作り、それに対してドラえもんの道具をヒントに解決策やアイデアを導き出すという流れになります。第1章ではそのうち、モシナラ発想による「課題化」を説明してきました。

では、いよいよ次章からは、僕が日々使っている、ドラえもんのひみつ道具をヒントにした、ビジネスアイデアの発想法を解説していきましょう。

第2章

ひみつ道具をヒントに既存の商品・サービスをヒットさせよう

「モノが売れない」ことが最大の悩み 今こそ、ひみつ道具の力を借りよう！

「商品やサービスが思うように売れない」
「上司にノルマを課せられているが絶対にムリ」
「取引先の無理難題にはもう付き合いきれない」

日本でも、海外でも競争がますます激しくなる中、世の中のビジネスマンは日々色んな悩みを抱えていることと思います。ただ、それらを最大公約数的にまとめると、僕は1つの悩みに集約できると考えています。それは、**「モノが売れない」**ということ。もしモノ（商品、サービスを含む）が売れるようになれば、ノルマも達成できるし、会社の業績がよくなって、給料も上がるでしょう。取引先の無理難題といっても、元を辿れば多くは「もっとうちの商品やサービスを売ってくれよ」ということに尽きます。

では、売れないものを売れるようにするにはどうすればいいか。僕は大きく3つの方向性にまとめられると思っています。

❶既存の商品・サービスをアレンジする。
❷新商品・新サービスをイチから作る。
❸売り方・売る仕組みを変える。

❶、❷が言ってみれば商品開発系の話、❸が営業・マーケティング・PR系の話ですが、この3つのスキルのうちいずれかに手を付けてよい方向に持っていけば、モノは売れるようになります。場合によっては、このうち2つ、もしくは3つすべてに取り組んでもいいわけです。

営業一筋では生き残れない現実

この3つのスキルは、今後、すべてのビジネスマンに最も必要とされるようになっていくでしょう。「自分は営業マンだから商品開発系のことは関係ない」なんて言っていては、これからの時代、本当に生き残れなくなりますよ。なぜなら、今はユーザーと接する機会の多い営業が現場の生の声を拾い上げ、それをベースにしたモノづくりが求められているからです。つまり、顧客のニーズにマッチした商品やサービスを作るために、商品開発の現場で営業マンの力が必要とされています。「自分は売る仕事（営業）しかしない」なんていうわがままが通用しにくい時代になってきているのです。

また、雇用が流動化したり、大企業も潰れたりする中、一生売る（営業）だけの仕事を続けられる保証はどこにもありません。仕事が変わって、企画や商品開発の仕事を任せられるようになることは十分考えられます。またそれができるくらいのスキルがなければツブシがききません。

昔のように右肩上がりの時代なら営業一筋も許されたでしょう。でも、今は**オールマイティにできなければ激動のビジネス社会を生き残ってはいけなくなっています。**

また同じ理屈は逆にも言えることで、企画や商品開発の担当者でも営業系のスキルを身に付けることは重要です。だからこそすべてのビジネスマンに「売れないものを売る」ための❶、❷、❸（25ページ参照）のスキルを身に付けてほしいのです。

ひみつ道具は僕たちのことも助けてくれる！

しかし、いざあれこれと考えても、なかなかいいアイデアは出てこないものです。そこで、僕がアイデアをひねり出すときのヒントとしてよく使っているものが、ドラえもんのひみつ道具。「はじめに」でも述べたように、本来のび太を助けるための〝ひみつ道具〟は、実は僕たちビジネスマンの発想を助けるための〝ひみつ道具〟にもなるのです。

まずは、「**❶既存の商品・サービスをアレンジする**」を考えるときに使えるひみつ道具から説明していきます。❶は今のビジネスマンに最も必要とされるスキルの1つ。今、新しい商品を作るにしても、新サービスを考えるにしても、必ず求められることが、ハイスピードと低コストでの開発です。つまり、早くコスパがいいものを作ってくれというのが、社長や上司の要求であり、取引先のオーダーです。そうした場合、❶であれば「既存の商品」「既存のサービス」というベースがあるので、イチから新商品を開発するよりも手間や時間がかからず、現実的な改善策となりやすいのです。

では、僕が「**❶既存の商品・サービスをアレンジする**」ときに使っている、主なドラえもんのひみつ道具とその使い方を、一緒に見ていきましょう。

アイデア1

サイズを変更するだけでヒットする新ビジネスが生み出せる！

ヒントをくれたひみつ道具

ビッグライト・スモールライト

懐中電灯型のライト。ビッグライトは光を物体に当てると、どんなものでも大きくすることができる。（21巻に登場・以下同）スモールライトは逆に、光を当てるとどんなものでも小さくすることができる。（5巻）

こんな悩みや課題を解決してくれる！

- すぐに新しい商品、サービス、ビジネス、やり方を考えなくてはならない
- 自社の商品やサービスが全く売れない
- マスコミやネットで話題になるような商品を作りたい

新しい商品・サービスをゼロから考えるのはなかなか難しいもの。まずは既存の商品・サービスをベースに発想できるものはないかというアプローチが有効です。

そこで、**僕がよく使うドラえもんの道具が「ビッグライト」と「スモールライト」**。簡単に言っ

てしまえば、**とにかく「大きくしてしまえ」、あるいは「小さくしてしまえ」**ということです。「そんな単純なことで売れる商品やサービスができるの?」と思うかもしれません。ところが、これが実は非常に有効であり、世の中のアイデアマンがよく使う手法なのです。ただし、中途半端にサイズを変えるのでは意味はありません。変えるのであれば、**「日本一」「世界一」を目指すことが重要なポイント**となります。

なぜなら、「日本一大きい」、あるいは「世界一小さい」ということであれば、マスコミやブログ、SNSなどで取り上げられやすくなるから。口コミが発生し、PR効果が非常に高くなるのです。わざわざ広告を出さなくても、周りがタダで勝手に宣伝してくれます。また日本一、世界一を目指すことによって、技術力も必然的に向上します。結果的に技術力のアピールにもつながるわけです。

どデカくするだけで多大な宣伝効果

実例を挙げましょう。「ビッグライト」の好例が、**日本の消しゴムメーカーの老舗であるSEEDが販売する消しゴム「レーダー」**。実は超どデカサイズがあります。「レーダーS—

「10000」という商品でサイズは通常サイズの120倍以上、重さは約2・3キロにもなります。値段はなんと1万5000円。もちろんネットで話題となっています。受験生が仲間で買って「同士の共通アイテム」として分けたり、先生が生徒へのプレゼントに買ったりするなど消しゴムの新たな需要（市場）が生まれたりもするわけです。

千葉県印西市では直径1・6mの世界一大きいせんべいを作り、ギネスの世界記録に認定されています。「大きい」に限らず、「長い」も有効で、世界一長いうどんやパスタ、あるいはロールケーキといったものが、日本各地で盛んに挑戦されています。これらは町おこしの格好のネタとなっているようです。ベースはいずれも何の変哲もない消しゴムであり、せんべいであり、うどん、パスタ、そば。それを「ビッグライト」の発想で、単純にどデカいもの、メチャクチャ長いものに作り替えるだけで、世間の話題をさらい、多大な宣伝効果を起こし、割と簡単にヒット商品を作ることができるわけです。

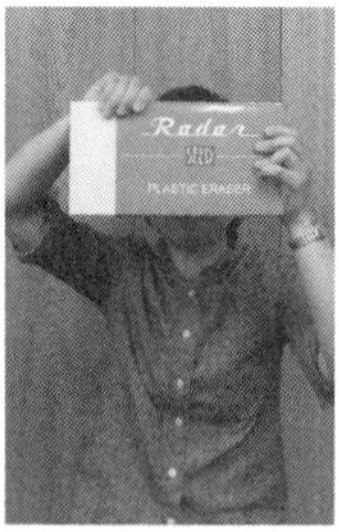

右の写真で、とても小さく見えるのが、通常サイズの消しゴム。比較すると、レーダーS-10000の大きさが歴然。大人の顔もすっぽり隠れてしまう超どデカサイズです。

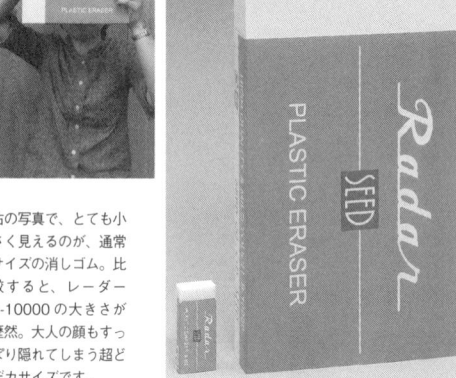

最小化思考も差別化に有効

「スモールライト」の例も見てみましょう。**凸版印刷が作った世界で一番小さい本『四季の草花』**です。超微細印刷の技術を応用し、0・75ミリ角のマイクロブックの製作に成功。開いた大きさが裁縫の針の穴の長さとちょうど同じくらい。文字や日本の四季の草花12点のイラストがはっきりと印刷され、ルーペで見ることができます。こういった特殊印刷はニッチですが一定の需要があり、利益率も高いことが特徴。例えば紙幣では偽造を防ぐために極小文字を印刷することが常套手段として使われますが、その技術のアピールにつながります。実際に優れた印刷技術を持つ日本の企業が、世界各国の造幣局から印刷事業を受注するケースも少なくないのです。

米IBMが原子や分子の位置を精密に制御して作製した、世界最小のアニメ映画「A Boy and His Atom」も話題になっています。また、キーホルダーに付けられる**世界最小のスマホ用充電器（英Devotec Industries社）**にも注目が集まり、ニュースサイトやSNSで情報が拡散しています。あと、僕も絶対に欲しいと思ってしまったのですが、**世界最小サイズの赤外線ヘリコプター「ナノファルコン」（CCP社製）**。サイズは

65㎜で重量はわずか11gです。スモールライトを使うことで購買を喚起できる典型的な例です。

また、家具のミニチュアも売れていますよね。**世界的に有名なイームズのチェア**は実物を買えば、物によっては50万〜100万円もするので、なかなか手が出ない。でもミニチュアがあって、それなら手軽に購入できます。ミニチュアを買ってもらうことは、ある重要な意味も持ちます。常に目に付く場所に飾ってもらうことで、「いつか本物を手に入れたい」という想いを持続させ、将来的に実物の購入へとつなげられる可能性が高くなるのです。

あるいは、宣伝の方法を工夫することにもスモールライトの発想は取り入れられます。**「世界最小のパスタが食べられる店」と銘打った店**があり、思わず興味を引かれてしまったのですが、種を明かせば「クスクス」のこと。要は言い方をスモールライト発想で変えれば、同じ商品でも他店や他の企業との差別化を図れるというわけです。

大きく（長く）したり、小さく（短く）したりするのは、何も物理的なモノだけでなく、「時間」でもいいわけです。**米ウール&プリンス社のシャツ**は洗濯をせずに100日間連続で着てもシワにならず、臭いも汚れも付かないという優れもの。いわばシャツにビッグライトを当ててキレイな状態が持続する時間を長く延ばしたというわけです。

では、ビッグライトとスモールライトのどちらをさしあたって使うべきかと言えば、僕はビッグライトをすすめます。微細化は技術的にハードルが高く、逆に大きくすることは比較的簡単にできるからです。最も効果が表れやすいジャンルは食べ物ですね。すでに、1〜2ℓの**巨大サイズの「バケツプリン」（さんま亭）**や、東京スカイツリータウンソラマチにある**「俵屋重吉」のスーパージャンボおむすび「六三四（むさし）」**（634g／3人前）、**神楽坂飯店（東京・飯田橋）の日本一大きな巨大餃子**（通常の餃子100個分）など、話題のヒット商品が続々と出てきています。恐るべきビッグライトの効果です！

POINT

- **新商品、新サービスを作るときは、まず既存の商品、サービスにビッグライトとスモールライトを当ててみる！**
- **サイズの変更では「日本一」「世界一」を狙って開発する。**
- **〝ミニチュア版〟を販売し、将来の実物の購買につなげる。**
- **最初はハードルが比較的低い「ビッグライト」を使ってみる。**

アイデア2

商品・サービスをおとな化／子ども化して、新規顧客を易々開拓！

ヒントをくれたひみつ道具

タイムふろしき

何でも包めば昔の状態に戻すことができる。例えばテレビを新品の状態に戻せるし、小学生を赤ん坊にできる。一方、裏返しで包むと時間が未来に進む。テレビはもっと古くなり、卵がかえってヒヨコになったりする。(2巻)

こんな悩みや課題を解決してくれる！

- 考えられる顧客には大方売ってしまい、売り先が見つからない
- 商品やサービスをもっと高く売りたい
- 既存商品をアレンジして新たな年齢層に売り込みたい

すでにある商品やサービスの売上げが伸び悩み、何とか突破口を見出したい。あるいは安値競争に巻き込まれることなく、高価格でも買ってもらえる商品を作りたい。ビジネスマンなら

誰しもが考えることですよね。

　僕はこうした壁にぶち当たった時にも、やっぱりドラえもんの道具を思い浮かべて、アイデアを出すようにしています。**使える道具が「タイムふろしき」**です。どんなものでも表側で包めば昔の状態に戻り、裏側で包めば未来の状態に進むという、時間をコントロールできる便利なふろしきです。

　このタイムふろしきをビジネスに応用します。例えば既存商品が売れなくなっているのであれば、従来のターゲットユーザーの時間を進めて、年齢層を高くします。具体的に言うと、**子ども向けの商品であれば、大人向けにアレンジするということ。いわば「おとな化」**するわけです。

　反対にターゲットユーザーの時間を戻して、年齢層を低くすることも有効です。**大人向けの商品を子ども向けにアレンジすること、すなわち「子ども化」**です。僕は売れなくなった商品やサービスを見ると、常に頭の中でタイムふろしきをかぶせて、おとな化したり、子ども化したりして、売れる方法を考えます。これが面白いほど有効で、色々なアイデアが次々と沸いてきます。

革命を起こした「おとなのふりかけ」

タイムふろしきが使える道具であることは、世の中に成功事例がたくさんあることからも裏付けられます。例えば、**一連の「大人」という枕詞が付いた商品群です。「大人の家庭教師」**（家庭教師のトライ）、**「大人の科学マガジン」**（学研）、**「大人の休日倶楽部」**（JR東日本）、**「大人のキリンレモン」**（キリンビバレッジ）、**「大人のトッポ」**（ロッテ）、**「おとなのふりかけ」**（永谷園）……挙げればキリがないですが、いずれもヒット商品となっています。

特に**「おとなのふりかけ」は革命的な商品**です。そもそもふりかけは日本が貧しかった時代に、当時は高くて入手が困難だった食材の代替品として出回るようになりました。当時は大人も主要なターゲット。例えば高価な卵の替わりに「卵ふりかけ」が登場したり、その後牛肉の替わりに「牛肉すきやきふりかけ」が売り出されるなどして、ふりかけは家庭の食卓に欠かせないものになっていたのです。

でも、飽食の時代になってからは大人で使う人は減り、ふりかけと言えば子どもの食べ物という考え方がしばらくは常識になります。戦隊シリーズやキティちゃんなどのキャラクターふりかけを子どもの頃に使ったとい

厳選した海苔をたっぷり使用し、大人の舌を満足させるちょっと贅沢なつくりになっていることをパッケージでもアピールしています。

う人は結構いるでしょう。

そんなふりかけ市場に果敢に挑んだのが永谷園です。タイムふろしきと同じ発想でわさび味のふりかけをラインナップに入れるなど「おとな化」して、商品名もズバリ「おとなのふりかけ」として売り出したところ、これが大ヒット。それまで丸美屋が独占していたふりかけ市場のシェアを一気に奪ったわけです。**おとな化することで、新しい市場を作って、シェアも奪えるという好例**ですね。

「おとなの自動車保険」（セゾン自動車火災保険）も成功例。年齢ごとの事故率に注目し、事故率が低い40代、50代の保険料を割安にすることによって人気となっています。「おとな」と商品名に付くと、何だか上質感も出ますよね。運転が荒かったりするイメージのある若者向けではないですよ、落ち着いて運転できる上品な大人のための保険ですよ……と。**商品名から醸し出されるイメージのよさも「おとな化」の利点**です。

同じサービスに何度もタイムふろしきをかぶせる

逆に「子ども化」でもトレンドとなっている商品やサービスが続々と登場しています。1つは**「こどもびいる」（友桝飲料）**ですよね。「ビールを美味しそうに飲むお父さんと一緒のものを僕も飲みたい！」という子どものニーズに応えた商品。完全ノンアルコールの清涼飲料水です。あとは単なるぶどうジュースを「子どもワイン」と称して売る店もあります。いずれもジュースより値段設定は高く、より儲かる構造を上手く作っています。

「キッザニア」は子どもが大人になりきって仕事ができる職業体験型テーマパークです。ピザやソフトクリームを作ったり、病院で模擬手術をしたり、テレビ局でカメラを回したりできるほか、消防士、パイロット、新聞記者、パン職人など90種類以上の仕事や習い事、サービスを自由に選んで体験できる施設。これらの仕事の「子ども化」で大成功を収めています。

キッザニアを再度「おとな化」させた、大人が職業体験を楽しめるサービスも登場しています。名付けて**「仕事旅行」**。提供している会社は「仕事旅行社」です。参加者は、旅行に行くような感覚で、漁師、パティシエ、イルカトレーナー、獣医師など、自分の憧れの仕事を体験することができ、1日のツアー料金はおよそ1万円前後。**仕事を手伝ってもらって、さらにお金まで払ってもらえる、業者にとっては一石二鳥のビジネス**です。

子ども化でエンターテイメントにした職業体験を、またおとな化させてヒットしているサービス。こうして**タイムふろしきを繰り返しかぶせて、振り子のように時間を自由に行き来する**

ことで、何度も新たなビジネスを生み出すこともできるわけです。例えば、仕事旅行に再度タイムふろしきをかけて、「子ども版仕事旅行」を販売することもアリですね。

タイムふろしきを使えばアイデアが噴出!!

タイムふろしきを使うときのコツは、**「おとな化」の場合は、とにかく既存の商品やサービスに「大人の」という枕詞を付けて、それに見合った内容に変えること**です。方向性は2つ。**1つは子どもの頃に多くの人が体験したものを大人用に改変すること**。家庭教師、超合金、キリンレモン、ふりかけなどがそれに当たります。「懐かしさ」を売りにして、ヒットにつなげます。

もう1つは、**「大人の」と付けてよりクオリティが高い商品やサービスを提供すること**。大人のワンダ、大人の休日倶楽部などが該当するケースです。こちらでは「上質感」が訴求ポイントとなります。**「大人の」にすると少し高い価格設定でも「上質だから」と買ってもらえる可能性が高くなり、価格競争から抜け出せるというメリット**もあります。

一方、「子ども化」では、子どもが大人に憧れる心理を利用し、大人がやっている様々なことを体験してもらう方向性で発想すると、いいアイデアが生まれます。

いずれもいくらでもアイデアは出てきそうですね。商品やサービスが売れないで困っていたら、ひとまずタイムふろしきをかけてみることを習慣にしてみましょう。

POINT

- 商品やサービスをタイムふろしき発想で、おとな化／子ども化する。
- 「大人の」と付けるだけで商品・サービスのイメージはよくなる。
- 「子ども化」させた商品・サービスを、再度「おとな化」させるなど、何度もタイムふろしきをかぶせてみる。
- 「おとな化」のポイントは「懐かしさ」と「上質感」！
- 「子ども化」で大切なことは大人に憧れる心理を上手く利用すること。

アイデア3

何でもセレブ化、最高級化すれば簡単に顧客を引き付けられる！

ヒントをくれたひみつ道具

デラックスライト

光を当てると何でもグレードが高くなる懐中電灯型ライト。例えばゼンマイ式の車のおもちゃはラジコン式のスーパーカーに、普通の洋服はドレスに、雑種犬はプードル犬になる。（16巻）

こんな悩みや課題を解決してくれる！

- 売れなくなった商品のブランド価値を高めて、新たなユーザーを開拓したい
- 安値競争が激しくなっているので、その争いから脱して高い値段で売りたい
- 少しのコストで高級イメージを打ち出したい

近年、どの商品も、どのサービスもコモディティ化（均質化）が進んで、違いを打ち出してアピールするのが難しい時代になっていますよね。「何でもいいから魅力がキラッと光るよう

な商品を考えてくれよ」なんて上司や取引先に言われても、おいそれとすぐに思いつくわけではありません。

でも、あるドラえもんのひみつ道具を使えば、それがいとも簡単にできてしまうから不思議です。その道具とは**「デラックスライト」**。そうです、**何でもセレブリティ向けを意識して、「リッチ化」「最高級化」してしまえば、間違いなく魅力的な商品となり、簡単に顧客を引き付けることができます。**特に日本人ってセレブとかリッチ、最高級という言葉に弱いですよね。この道具は本当に使えます。

デラックスライトで抜群の宣伝効果！

実際の事例を見ていきましょう。日本製紙クレシアが発売した**「クリネックスティシュー至高　羽衣《はごろも》」**はメディアでも大きく取り上げられ、話題になりましたね。至高シリーズは原材料のパルプを厳選し、抄紙《しょうし》（紙をすくこと）、加工にこだわり、究極の柔らかさとしなやかさを実現。最高級ティシューとして発売されて以来、多くの顧客に支持されている商品です。従来3枚重ねだったその至高シリーズを、さらに極薄に仕上げた紙を4枚重ねにして売り出したのが「羽衣」であり、究極の柔らかさとしなやかさに仕上げています。同社のオンラインショップで販売されていて、**価格は3箱でなんと3150円**。1箱1050円ですから一般的な商品の10倍以上の値付けです。でも、高齢者層や超敏感肌の人、贈答用や内祝いに人気の商品となっています。

世界的なチョコレートメーカーであるキャドバリーが、以前製造中止になった商品**「Wispa Gold」**を復活させ限定発売するキャンペーンの一環で、金箔に覆われた同商品を**1本15万円以上（!）**で販売し、世界中の話題をさらったこともあります。

ロンドンにある高級インド料理レストラン**「ボンベイ・ブラッセリー」**では、ロブスターやアワビ、白トリュフ、キャビアなどの高級食材をふんだんに使った究極の超高級カレーを**一皿約31万円**で提供し、これも各メディアに大きく取り上げられました。

あるいはニューヨークの**「DB Bistro Moderne」**という店が販売するハンバーガー。ショートリブ肉のパテの中にフォアグラが入り、黒トリュフも贅沢に使用しています。値段はおよそ**1万5000円**。いずれもデラックスライトをこれでもかというくらい当てています！

漆黒のパッケージに金色のライン。デザインの隅々にも高級感が溢れています。

こんな飛び抜けた最高級品は海外でしか食べられないだろうと思っていたところ、日本にもありました。だいぶ前ですが、**横濱カレーミュージアムでは1万円の「萬カレー」**を販売。米沢牛を用い、40種類以上のスパイスで煮込んだものです。デラックスですよね。さらに、最高級ホテルのリッツカールトン東京では**1万3450円の「WOWバーガー」**を提供。和牛のパテ、トリュフソースが自慢です。こちらもデラックス！　国内外の最高級品はいずれもネット上で話題が駆け巡り、多大な宣伝効果をもたらしています。

裏技を使って、少しのコストで最高級化

最高級ポテトチップスもセレブを中心に一時期ネットで口コミが多発しました。**サン・ニカシオという会社のポテチ**で、スペイン産の最高級のジャガイモを薄切りにして、ヒマラヤの口ゼ天然塩で味付け。しかも100％エキストラバージンオイルで揚げたというとても贅沢でヘルシーなもの。４年連続モンドセレクション金賞受賞で、ホテル・リッツ、マドリードの４ツ星のウェリントンホテルなど最高級ホテルでも提供されているといいます。**価格は840円ですから、一般的な商品の8倍程度**。これだけ美辞麗句が並ぶとセレブならずとも一度食べてみ

たくなりますよね。

ただし、ポテチでこれだけの材料を揃えるのは、正直言って至難の業。そこでとっておきの裏技を紹介しましょう。**全部最高級の材料にすることは骨が折れるし、コストもかかるので、何か1つだけ「最高級」にしてしまう**のです。

例えば、じゃがいもは普通でも、塩だけは最高級のものを使っているとか、揚げるのに使っている油は一般的なものでも、胡椒だけは世界一の品質のものを使っているとか。**塩や胡椒であれば、いくら最高級と言えども、コストはたかが知れている**でしょう。1つだけ最高級にすることはそれほど手間もかかりません。これだけで、例えば「世界最高級の塩を使用！」などとうたえば、十分に差別化でき、注目を集められます。

先日、これを実践している店を関西で見つけました。鰻屋さんで「最高級の山椒を使用」と積極的にアピール。鰻は中国産なんだけど、山椒だけは最高級。宣伝を聞いた人はやや拍子抜けするものの興味を持ち、「最高級の山椒をかけた鰻ってどんな味になるんだろう」と食べてみたくなります。最高級は全部でなくてもいい。一部でも十分効果があるのです。

これならちょっと考えただけでも色々なアイデアが浮かびますね。**フルーツミックスジュースならオレンジだけを最高級**にする。**ホテルならぐっすり眠ってもらうために枕だ**

けを最高級にする。**健康ランドなら貸タオルを最高級**にする……。一部だけなら少しのコストで簡単に最高級なイメージが醸成できそうですね。

楽天市場最高額の10億円福袋を発売！

実は、僕もデラックスライトを使って商品を販売したことがあります。２００９年に**楽天市場で何と10億円の福袋を発売**してしまったのです！　もちろん商品は楽天市場最高額。購入すると、カンボジアのアンコールワットの近くにあるリゾートホテルを所有できるほか、ダイヤモンドの原石と長崎県対馬市の無人島「浦ノ島」が手に入るという、セレブ度全開の福袋です。

ちなみにホテルが5億円相当、ダイヤの原石が4億5０００万円相当、浦ノ島が5０００万円相当。これ、相当話題になりましたよ。でもその分叩かれたりもしましたけど（笑）。残念ながら買い手は現れませんでした。もし、購入者がいたら、その人はもの凄い楽天ポイントが獲得できたでしょうね。

僕のような無謀な試みはさすがにおすすめしませんが、先ほどもお伝えし

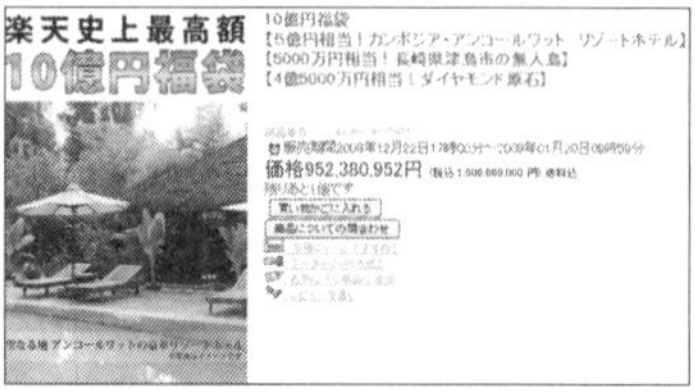

正確には価格 952,380,952 円で、税込でちょうど 10 億円。送料も込み（笑）で販売しましたが、いくらネット上だとはいえ、ワンクリックで購入とはなりませんでした。

たように、**材料の一部、サービスの一部を最高級にするのなら、ハードルは低いですよね。デラックスライトの光を全体ではなく、部分的に当てる**のです。

レストランのハンバーグランチであれば、トッピングの目玉焼きに最高級の卵を使っていますとか、最高級のニンジンを使っていますとか……。話題になって、新規の顧客を開拓できたり、今までより高値で売れたりすることが十分に期待できますよ。

POINT

- **デラックスライトを当てれば、簡単に顧客を引きつけられる。**
- **「最高級」に日本人は弱い。ネットで口コミが多発し、宣伝効果は抜群！**
- **材料の一部、サービスの一部にデラックスライトを当てるのも有効。**
- **一部だけ最高級にするのであれば最小のコストで済む。**

アイデア4

単機能に絞れば、売れなかった商品もたちまちヒット商品に！

ヒントをくれたひみつ道具

めんくいカメラ

キレイな顔だけを写し、みにくい顔、こっけいな顔など標準以下の顔は写らないカメラ。（8巻）

こんな悩みや課題を解決してくれる！

- ユーザーニーズに応えようと機能をいっぱい付けたのになぜか売れない…
- 営業先で「どうせ他社の製品とおんなじでしょ」と断られた
- コスト削減が全社的な課題になっている

日本の企業が得意としてきたことが、コンパクトに盛りだくさんの機能を詰め込むこと。特に家電製品に多く見られますね。昔は1つで何でもできる商品は便利でお得感があり、確かに重宝されていました。

でも、あまりに多機能化が進み、正直、複雑になり過ぎ。ユーザーは使いこなせなくてストレス、イライラが溜まる一方。**便利だと思って付けている機能が、逆に不便さを感じさせる原因になっています。**

それに、ごちゃごちゃと色々付いている商品やサービスは、比較するのが非常に面倒。だからマニアックなユーザーならいざ知らず、**一般の消費者にとっては昔ほど多機能型のウケはよくなく、敬遠されることもあるのが実情です。**

これは一般の消費者に限った話ではなく、対企業の営業でも同じことが言えます。**「こんなにたくさんの機能は必要ない」、「自社に必要な機能に絞って、コストを下げたい」**と多くの企業が考えています。

では、今は何がウケるのか。僕はドラえもんの道具の**「めんくいカメラ」**を頭に思い浮かべます。イケメンは写るけど、ブサイクな顔は写らないという、非常にセグメントされた機能しか持たないカメラです。

つまり、機能をそぎ落とし、イケメンだけを写すことに特化した〝単機能〟カメラです。この**「単機能化」こそが売れる商品・サービスを作るためのキーワード**であると考えます

世の中、単機能ヒット商品のオンパレード

携帯電話での成功事例がＮＴＴドコモの**シニア向け端末「らくらくホン」**。「お年寄りは電話さえかけられればいい」という考えのもと、当初は通話機能だけに絞った形で発売されました。単機能化により大ヒットするとともに、携帯電話業界に新たに「高齢者市場」を創出することにもつながっています。同じような発想で機能を絞った「キッズケータイ」もヒット商品となり、新たな市場の創出に一役買っています。

メモを取ったり、原稿を書いたりすることだけに特化した**デジタルメモ端末「ポメラ」（キングジム）**も、めんくいカメラに通じる単機能の商品です。今どきネットもメールもできない。そんな端末が売れるのかと思いきや、「メモる」という機能に特化したことがウケて、一躍ヒット商品となっています。他の機能がない分、原稿執筆や報告書作成に集中できるという利点もあります。キングジムは元々ファイルのメーカーだったのに、ポメラの成功で社内にイノベーションの流れができて、今ではデジタル機器の会社に生まれ変わっていますよね。

トースターやオーブン、グリルなど多機能化が進む電子レンジでも、逆を行く、**ただ単に温めるだけの機能しか持たない「単機能レンジ」**が人気です。また、電子レンジで薄焼きたまご

を作るためだけの調理用品**「ezeggレンジでうすやきたまご」(曙産業)**もヒット商品。同社はシリーズで「レンジでめだまやき」、「レンジで親子丼」など徹底的に単機能に絞った商品を発売し、いずれも人気です。

調理用品で言えば、**味噌を計量するためだけの「計量みそマドラー」(オークス)**。塩でも醤油でも味噌でもなんでも計量できれば便利というのが従来の考え方でしたが、あえて味噌だけに絞って商品化したらヒット商品になりました。また、油を使わずに熱と空気で簡単にから揚げやトンカツ、フライドポテトなどができる、**揚げ物料理に特化した「ノンフライヤー」(フィリップス)**も単機能化の注目選手。手軽だし、調理過程で肉の脂身が落ちるので健康的と、需要に供給が追い付かないほどの人気ぶりです。

めんくいカメラ活用のポイントは「原点に返ること」

サービス産業でも、めんくいカメラを彷彿させる、機能をそぎ落とすものがヒットしています。値段の付け方が特殊で高額な支払いを余儀なくされていたジャンルに目立ったイノベーションが見られます。例えば、結婚式。余計なサービスは徹底的にカットして、**シンプルかつ**

自己資金16・8万円という格安な挙式を実現した「スマ婚」（メイション）は、若いカップルのトレンドになっています。

葬式では、**「イオンのお葬式」**が、従来の相場が250万円と言われる中、19・8万円の火葬式（お通夜や告別式を行わず、火葬のみ）、49・8万円の家族葬（遺族や親しい人だけが参加）など、シンプル化で価格破壊をして、利用者を獲得しています。

ホテルや旅館では、今でこそどこでも提供している**「素泊まりプラン」**が単機能化の例です。昔は特に旅館では「うちでご飯を食べないと泊めないよ」というのが業界の常識でした。でも、他のレストランで食べたいとか、お金がないから食事は安く済ませたいとか、そんなニーズもユーザーの中にはあったわけです。それに対応して「ただ泊まるだけ」という単機能にした結果、大ヒット。今では多くの宿泊施設がプラン化しています。

格安航空のLCCもまさに単機能の典型ですよね。機内食もサービスドリンクもいらない。ただ移動手段として使えればいい。そう考える人は昔から多かったけれど、航空会社はどちらかというと、各座席にモニタを配備して好きな映画が見られるようにしたり、接客サービスを充実させたりと、逆の方向に進んでいたわけです。そこを「めんくいカメラ」発想で、あらゆるサービスを基本的にカットし、欲しい人にはすべて有料で提供するようにしたのがLCC。

今や航空業界の一大勢力となっていることは周知の事実です。

ホテルや旅館は本質的には「泊まるところ」。飛行機は「移動する手段」。それがサービスの原点です。すなわち、そもそも**メインの役割は何かを考えて、それ以外は不要なものとして大胆にカット**することが、単機能化のポイントなのです。

単機能化すれば、高くも安くも売れる！

めんくいカメラ発想のメリットは3つ。1つ目は、**機能をそぎ落とすことで費用が大幅に削減できるため、価格競争でライバルに勝つことができること**。2つ目が、単に機能をそぎ落とすだけでなく、**1つの機能をブラッシュアップして、新たな付加価値のある商品にすれば、逆に多少高くても売れるようになること**。

例えば、前出の「計量みそマドラー」は泡だて器のミニ版のような形状で、味噌を計量した後、そのまま鍋に入れ、味噌溶きとしても使える優れもの。１５７５円とやや高めの価格設定でも売れています。つまり、**めんくいカメラの発想を使えば、商品を安く売ることもできるし、逆に高く売ることもでき、ビジネスの幅が大きく広がる**わけです。

そして、3つ目が、**単機能にして選択肢を減らしてあげることで、ユーザーがイライラやストレスを感じない商品・サービスになること。**結果的に、数ある商品やサービスの中で差別化でき、選ばれる可能性が高くなるのです。

POINT

- 多機能はむしろ敬遠され、単機能こそが時代のキーワード！
- 家電製品、結婚式、葬式、旅館、飛行機まで、単機能化がトレンド。
- その商品やサービスの役割を原点に戻って考えることが、単機能化を発想するときのポイント。
- 「価格競争で勝てる」「高く売ることもできる」「選ばれる可能性が高くなる」が利点。

アイデア5

流行は必ず繰り返すから、古きを訪ねて先取りで手を打つ！

ヒントをくれたひみつ道具

自動販売タイムマシン

時代を西暦で設定し、ほしい商品をオーダーすると、その時代に売っていた商品を当時の値段で購入できる。タバコやインクなどは当時の値段なので安く大量に手に入るが、デザインや中身は古臭いものになる。(11巻)

こんな悩みや課題を解決してくれる！

- 売れる商品やサービスを作るためのヒントがほしい
- 今後の流行りやトレンドを誰よりも早く押さえてビジネスに役立てたい
- 自らが流行の火付け役になって、先行者利益でガッポリ儲けたい！

もし、タイムマシンがあったら、あなたならどうやって商売やサービスに活かしますか？未来に行って流行っているものを持ってきて、現代で先取りして売りますか？それとも今流行っているものを過去に持って行って、いち早く売って大儲けしますか？　いずれも億万長者になれるでしょうね。もし、タイムマシンがあったら……の話ですが。

でも、似たようなアプローチなら現実の世界でも可能です。**僕がよく頭に思い浮かべるひみつ道具が「自動販売タイムマシン」。**過去に販売していたタバコやインクなどを当時の値段で購入できるため、のび太が安く大量に仕入れて大儲けを目論むというストーリーですが、現実でも、この道具の発想を応用し、過去に流行したものをリバイブ（復活）させて、もう一度売ることは可能です。そして、上手くやれば大儲けもできます。

歴史は繰り返すとよく言いますが、商品やサービスの世界でも同じこと。**流行には波があり、昔流行ったものは、何年、何十年経つと、また必ず流行するというのが世の常、人の常だからです。**

もし、いち早く昔の流行を現代に取り入れて、商品やサービスを売り出すことができれば、タイムマシンがなくてもガッポリ儲けることは十分可能なのです。まずは先人の教えに倣えということで、過去の成功例を見ていくことにしましょう。きっと、自動販売タイムマシン発想のヒントになりますよ。

昔のヒット曲を復活させ、売上げ500万枚超

ファッションでわかりやすい例を挙げると、**「スカートの丈」**。時代とともに長くなったり、短くなったりしますよね。あるいはデザインを見ても、昔の服がレトロファッションとして復活して、現代人には非常に新鮮に映って人気になることがよくあります。

最近で言えば、**1960年代後半に「ミニスカートの女王」として日本中にブームを巻き起こした「ツイッギー」**をイメージしたファッションが復活し、若い女性を中心に流行しています。そういう意味では今の流行のスカートの丈は短め。ただし、流行は繰り返すので、次に流行しそうなスカートの丈やデザインを、過去のトレンドから引っ張ってきて仕掛ければ、一躍ブームとなって大ブレイクする可能性もあるわけです。

ファッション以外でも、昔の流行りを現代に持ってきて、成功している例はたくさんあります。歌手で言えば、**徳永英明さん**。過去のヒット曲をリバイバルして収録したアルバム『VOCALIST』はシリーズ化され、累計500万枚超の大ヒットとなっています。

巧みなのは、**1970年代〜2000年代の幅広い年代のヒット曲を満遍なくカバーし、各世代が興味を引かれるように商品を設計**していること。僕もヒットの秘密が知りたくて徳永さ

んのコンサートに行ってみたのですが、70歳代、80歳代の女性ファンが多いことに驚きました。彼女たちはもちろん元々徳永さんのファンだったわけではなく、どちらかというと懐メロのファン。自分たちの時代の曲が懐かしく、それを歌唱力のある徳永さんが歌ってくれるのを喜んで、コンサートに来ているわけです。もちろん『VOCALIST』で徳永さんのことをはじめて知った若い世代もいます。**こうやって、自動販売タイムマシンの発想で過去のヒット曲をリバイブすることにより、新しい顧客も開拓**することができるのです。

昔のヒーローや遊びもリバイブさせる

子どもの流行でも自動販売タイムマシンは活躍していますよ。今熱いのが**仮面ライダーやウルトラマン、戦隊シリーズのリバイバル**。現代のスーパーヒーローが「二段変身」によって、初代仮面ライダーやウルトラマンなどにさらに変身できるという謎のストーリー設定で、復活を果たしています。

電子戦隊デンジマンなど、僕なんかの世代にとって懐かしいスーパーヒーローも同様に復活。子どもと一緒につい見入ってしまう人も多いはず。**過去のヒーローを持ってくることで、親子**

2世代の需要を取り込めるという、これも巧みな戦略です。

近年、子どもの間で流行っている「爆転シュート ベイブレード」も元を辿れば、昔のベーゴマのリバイブですよね。もちろん、そのまま持ち込むのではなく、今の子どもたちが楽しめるようにアレンジされています。

例えば、ベイブレードはベーゴマと違って複数のパーツで構成され、各パーツを組み替えることで自分なりにカスタマイズできます。また、勝負はすり鉢状のスタジアムで行うこと、専用のシューターを用いてベイブレードを発射させるところなどは現代風。ベーゴマ遊びは大正時代に始まり、その後何度も手を変え品を変えブームを起こしていますから、**自動販売タイムマシンから発想するものとしては最強のビジネス**ということができるでしょう。

あとは**iPhone**にしても、昔のPDAのリバイブと見ることができますよね。PDAはスケジュール、ToDo、住所録、メモなどの情報を携帯して扱えたり、データ通信ができたりする小型情報端末。シャープの「ザウルス」などが一時期話題になりましたが、一般的には今ひとつ普及しませんでした。でも、**それがiPhone、iPadとして復活し、今や全世界で爆発的にヒットしています。**

スピードラーニングも過去の流行の焼き直し

自動販売タイムマシンの発想をビジネスに応用するには、まず**過去にどんなものが流行ったかを徹底的にリサーチ**する必要があります。そのための手っ取り早い方法をお教えしましょう。

使えるのが昔の雑誌や新聞。特に広告を見ることが非常に参考になるのです。

例えば、昔「身長がグーンと伸びる！」なんて広告を目にしませんでしたか。主にプロテインを飲んで身長を伸ばそうと訴求するもの。また、手を当てると集中力が増すという触れ込みの機器「ドクターキャッポー」の広告も印象的でした。そのまま現代に持ってきたのでは、法律に引っかかる可能性もありますが、こういった広告はトレンドのリバイブを考える上で大きなヒントになります。「イングリッシュ・アドベンチャー」という英語教材の広告も頻繁に出てきます。これは現代では**「スピードラーニング」**として見事に大ブレイクしていますね。ブームの種は昔の雑誌に埋まっているのです。

広告以外ではかつて実売部数40万部以上を誇っていた男性向けファッション・情報誌『POPEYE』や、女性ファッション誌の『ａｎａｎ』などをチェックすると、当時のトレンドやファッションを網羅的に押さえることができ、便利です。僕はよく神田の古本屋街に行って、

当時のPOPEYEやananを買ってきては、昔のトレンドをチェックしています。

昔の新聞も情報源になります。図書館で過去のものをまとめて読むのです。注目するのはテレビ欄。この小さなマスの部分に意外なヒントが隠されていて、**ワイドショーとか深夜番組の内容をチェックすると、流行が一目瞭然**だったりします。

この方法なら決してハードルは高くありませんね。昔の雑誌や新聞をチェックするだけなので、誰にでもできます。**当時流行ってまだ誰も手をつけていないものが見つかれば、それがヒットの源泉。**上手く現代風にアレンジすれば一攫千金も夢じゃないですよ。

POINT

- **昔流行ったものは、何年、何十年経つと、必ずまた流行する。自動販売タイムマシンの発想で、いち早く昔の流行を見つけて現代に取り入れる!**
- **昔のトレンドを知るためには当時の雑誌や新聞をチェックすることが早道。特に雑誌の広告、新聞のテレビ欄は参考になる。**
- **昔の雑誌、新聞は神田の古本屋街、図書館などで入手できる。**

アイデア6

商品やサービスの名前をリネームする（変える）だけで驚くほど売れるようになる！

ヒントをくれたひみつ道具

ドラえもんのすべての道具

ドラえもんの道具に共通していることは、そのネーミングの素晴らしさ。道具の名前を聞くだけで、その商品の機能がわかり、しかもユーモアやインパクトに溢れ、極めて印象的！（全巻）

こんな悩みや課題を解決してくれる！

- 商品名が月並みすぎて、他社製品と区別がつかず、埋もれてしまっている
- 商品やサービスを変えることなく、売上げをアップさせたい
- 顧客がいつまでたっても商品名を覚えてくれない！

物を売るときに最も大切な要素は何だと思いますか？　物の中身、デザイン、値段、売る場所、宣伝……いずれも重要なことですが、**売れるものにするための最重要課題は、実は「名**

前」なのです。ヒット商品を連発している会社は、時間も人もお金も惜しみなく投入してこれぞという名前をひねり出しています。商品名やサービス名は最初に目に飛び込んでくるもの。第一印象はそれで決まるといっても過言ではない。いわば、**商品を売り込む最大のチャンス**。売れるものを作れる会社はそこをよく心得ているわけです。

それに対して、世の中の一般的な中小企業はどうでしょう。安易に決めすぎているのか、インパクトがなかったり、何だかピントがずれていたり。中小企業のサービスや商品の名称は、どうしても月並みなものになりがちです。そうなると残念なことに、最初の時点で売り込みのチャンスを逸してしまいます。

ではどうすればいいかというと、**僕はいつもドラえもんのひみつ道具の名前をヒントにしています**。ドラえもんの道具って、ネーミングが絶妙。例えば、**「ネンドロン」**。聞いただけで、粘土のようにグニャグニャになるんだなと、すぐに想像ができるし、語呂もいいですよね。**「ドリームマッチ」**は、火が着いている間まぼろしを見ることができ、マッチ売りの少女も持っていたものらしいのですが、これも名前で察しが付きます。あとは**「迷路すごろく」**。迷ってなかなか上がれないからたっぷり遊べそうだなと、これも聞いてすぐにピンときます。**作者の藤子・F・不二雄氏はネーミングのプロ**ですね。抜群のセンスです。あなたも是非この発想を取り入れて、商品やサービスのネーミングやリネーム（名称変更）をしてみましょう。上手く行けば、あっという間に売れるようになります。

絶妙ネームで新たな価値を生み出す

実際にリネームで売れた商品はたくさんあります。有名な話では、ダイキン工業の**「うるるとさらら」**です。当初、会社の上層部が有力候補にしていた名称は「爽快指数」。古めかしい名前でインパクトもない。しかし、20代の商品開発部の女性が「うるるとさらら」を発案し、これで行こうと決めたところ、大ヒットとなったわけです。

僕が好きなものでは**「切腹最中」**という商品があります。これも絶妙なネーミング。新橋にある老舗の和菓子屋さん「新正堂」の人気商品なのですが、使われ方が面白い。新橋には大きな広告代理店があり、**その社員がクライアントに迷惑をかけたときにお詫びの品として持っていく**ようなのです。広告代理店は謝罪を求められることが多いらしいのですが、この切腹最中を渡して謝ると場が和んで何とか切り抜けられると聞きます。

切腹最中のほかに、黒字にちなんで黒糖を使った餡がつまった「景気上昇最中」なども販売しており、そちらも人気です。

僕も「クライアントに怒られてどうすればいいか」と相談を受けたら、真っ先にこの切腹最中をすすめます。結果として数千万の仕事が飛ばずに済んだと感謝されたことも一度や二度ではありません。**切腹最中は名称のお陰で本来の和菓子から離れ、「謝罪ジャンル」の商品として全く別の価値を生み出し、業界では超有名な謝罪グッズとして重宝されている**のです。

仕出し弁当屋「築地青木」の「会議活性化弁当」も優れたリネーム。法人向けの仕出し弁当は競争が激しく、なかなか売れない。そこで、大事な会議や研修、セミナーで眠くなりにくい食材を使った「会議活性化弁当」として売り出したところ、テレビにも取り上げられ、企業から注文が急増。値段は1500円〜2000円と高額ながら、すっかり人気の仕出し弁当となっています。

食べた後は本来眠くなってしまうもので、会議を成功させたい責任者にとっては悩みの種。逆に、頭を活性化させるような弁当があれば、まさに願ったり叶ったりです。普通の弁当と会議活性化弁当のどちらを選ぶかと問われれば、企業の担当者の立場になれば答えは決まっていますよね。これも**単なる腹ごしらえだったり、美味しく食べたかったりする弁当の本来の役割を超えて、「会議を活性化させる」という全く異なる価値を出し、名称でも表現している**ことがポイントであり、競争力の源泉となっています。

「サバイバルせんべい」が口コミ効果でヒット！

三洋電機から発売され、今はパナソニックブランドで販売している**「GOPAN」**も究極のネーミングですね。ご飯（米）でパンを作る機械だからGOPAN。この名前が大ヒットに一役買っていることは言うまでもないでしょう。

「ジガゾーパズル」（テンヨー）もネーミングの好例です。このパズルは箱に入っている300のピースを使って、誰の顔でも作ることができるという不思議な商品。300のピースはすべて同じ形ですが、それぞれ濃淡（階調）が異なります。ユーザーは携帯電話で自分の顔を撮影して専用のメールアドレスに送信。するとサーバー側で階調の違いだけで再現できる最も写真に近いピースの組み合わせを割り出し、返信してくれます。それを元にすべてをはめ込むと、自画像が完成するというわけです。今までのパズルの常識を覆す画期的な機能を持つ商品ですが、何より**そのネーミングセンスのよさが売れる原動力**になっています。なお「ジガゾーパズル」は日本おもちゃ大賞2010のイノベイティブ・トイ部門で大賞に選ばれています。

僕もネーミングにこだわった商品をいくつかプロデュースしています。例えば77ページの

「バカバカしい化」で紹介している**「サバイバルせんべい iPhone5専用ケース」(楽喜)**。原料の玄米は腹持ちがよく、災害時の非常食としても最適であることから「サバイバル」と名付けています。友人の登山家にイメージキャラクターになってもらい、過酷な状況にも対応できることをさらにアピール。いずれにせよ、商品名にインパクトがあり、緊急のときも乗り切れそうなイメージを醸し出せていて、我ながらいい名称(笑)。ネーミング効果もあって、数多くのメディアで取り上げられ、口コミによっても拡散し、一躍人気商品となっています。

130のひみつ道具の名称を徹底チェック

リネームやネーミングのコツは、とにかく**その商品はどういったときに活用できるかを徹底的に考えてみる**ことです。会議の仕出し弁当を例にとれば、注文する人は会議をどうしたいのかと考える。当然、活発な議論が展開されるようにしたいわけで、だったらそのニーズをくみ取った商品を作ろうということになり、「会議活性化弁当」という名称に辿り着くわけです。

あとは**その機能がひと目でわかり、かつ印象に残る面白いネーミングにすること**。「切腹最中」なんて、一度目にしたら絶対に忘れないだろうし、謝罪時に使えると聞けば、大いに納得でき、謝りに行こうとする人の購買につなげられます。「GOPAN」「ジガゾーパズル」も、手前みそながら「サバイバルせんべい」も然りです。

そうはいってもなかなか思いつかないという人は、まず**ドラえもんのすべての道具の名前をチェックしてみるといいでしょう。ヘタなネーミング法の指南本を読むよりも、ずっと役立つはず**です。メジャーな道具で言えば「どこでもドア」「タケコプター」「ほんやくこんにゃく」「暗記パン」なども目からうろこが落ちるようなネーミング。今まで約1300の道具が登場しているというから、それを一つひとつ見ていくだけでも、発想のヒントになります。

POINT

- **ネーミングこそが、ヒットにつなげるための最重要課題。**
- **ドラえもんに登場するひみつ道具の名称は全て秀逸！参考にして既存商品のリネームや新商品のネーミングを考える！**
- **機能がひと目でわかり、かつ印象に残る面白いネーミングにする。**
- **商品やサービスの様々な活用シーンを徹底的に考えてみることがコツ。**

第３章

ひみつ道具をヒントに新商品・新サービスを作って儲けよう

斬新なアイデアでライバルに差をつけるひみつ道具でヒット商品を生み続けよう！

世の中には同じようなデザインや機能を持つ商品、同じようなサービスが溢れ、社会全体が**急速にコモディティ化（同質化）**しています。それは国内に限らず、海外でも同じこと。グローバル化とインターネットの普及によって、新しい商品やサービスを出してもすぐに真似されてしまい、よほど模倣できない技術だったり、デザインだったりしない限り、新商品や新サービスのアドバンテージは、昔よりも早くなくなってしまうのが現実です。

そこで何が起こっているかと言えば、**極端な安値競争**です。皆さんの中には、取引先からの再三の値下げ要求に頭を悩ませている人も少なくないでしょう。僕は本当に異常な世界だと思っています。

でも、これが現実で、こうなってしまっては人件費が安い海外にはかなわない。日本のビジネスマンも会社もどんどん疲弊していくばかりです。

ひみつ道具があればアイデアも湯水のごとく！

では、どうすればいいかと言えば、少しばかり骨の折れる話ですが、**付加価値の高い新しい商品、新しいサービスを、生み出し続けていくしかない。**もしくは**そのスキルがある付加価値の高いビジネスマンとして、世の中を渡っていくしかない**んです。いやいや、自分はどうも頭を使うのが苦手で……なんて悠長なことを言っている場合ではないですよ。今後は今までの比ではないくらい、他社や他のビジネスマンと一線を画するような、新しいアイデアを出せる人材しか、第一線で生き残れないような世界になっていきます。

突然そんなことを言われても無理？　大丈夫。僕たちには強力な武器があるじゃないですか。そう、ドラえもんのひみつ道具です。他社や他のビジネスマンと差別化できるような斬新な商品や革新的なサービスも、ひみつ道具からヒントを得れば、アイデアが湯水のごとくわき出てくるはずです！

それでは、僕が「**❷新商品・新サービスをイチから作る**」（25ページ参照）ときに使っているひみつ道具を一つひとつ見ていきましょう。企画マンも営業マンもひみつ道具を使って、儲けの源泉を生み出してみてください！

アイデア７

バカバカしい化で商品にイノベーションを起こす！

ヒントをくれたひみつ道具

**腕こたつ
いいわ毛
雪だるまふくらまし機……**

「腕こたつ」は腕時計のように手首に巻くと体中が温かくなるアイテム。「いいわ毛」は頭に着けると失敗した時に上手に言い訳ができるもの。「雪だるまふくらまし機」は自転車の空気入れと同じ要領で、小さい雪だるまを大きく膨らませられる道具。いずれもくだらない、バカバカしい道具だが、クスッと笑えたり、癒されたりする。（11巻）

こんな悩みや課題を解決してくれる！

- 消費者にインパクトを与えるような商品を開発したい
- 上司も同僚も部下も何となく活気がない
- どうせなら楽しんで仕事をしたい！

新しいビジネスの発想が必要な時に、僕がよくヒントとするのが「腕こたつ」や「いいわ毛」、「雪だるまふくらまし機」などの道具です。一見どうでもいいような、バカバカしい機能の道具。でも何となく笑えたり、癒されたりするんです。

ドラえもんにはまだ他にもたくさんのバカバカしい道具が出てくるのですが、実を言うと、僕はそれらを思い浮かべながら新しい商品やサービス、あるいは宣伝の仕方をひねり出すことが結構あるんです。

なぜなら、今の世の中の人たちは、ストレスが溜まったり、イライラしたりすることが多くて、皆、ちょっとした笑いや癒しを求めているからです。お笑い芸人の人気が高いのも、笑える小ネタがSNSで瞬く間に広がるのも、その現れです。

だから、ヒット商品や人気のサービスを作りたければ、**世の中の大半の人のイライラやストレスを解消してあげられるようなバカバカしい商品・サービスを作って提供することが、実は近道**だったりするわけです。

常識的なビジネスマンであれば、「本当にこんなことやっていいのか」、「バカバカしすぎてビジネスにならないのでは」と、躊躇してしまいますよね。でも、そこで思い切ってやってしまうことが大切。

繰り返しになりますが、世の中の人たちがそのバカバカしいものを求めているし、**SNSにピッタリの話題としてあっという間に広がって認知される可能性が高い**からです。

バカバカしい化をすればタダで宣伝できる

バカバカしい化で成功している最も有名な例が、**赤城乳業の「ガリガリ君」**。コーンポタージュ味を出したり、冷却シートや文具など派生商品を販売したりするなど、もはや氷菓の枠を飛び出して、バカバカしい路線をひた走っています。PRのやり方も突き抜けていて、例えば雪の降りしきる北海道の街中で、あのガリガリ君が道行く人にアイスを無料配布したりと、限度のないことを平気でやったりします。そんな非常識でくだらないこと、どの会社もやらない。だからマスコミが集まって盛んに報道し、それを受けたSNSユーザーが情報を拡散してくれます。**バカバカしい化の真骨頂である「広告代を払わずにタダで宣伝できるメリット」**を存分に手にしているわけです。ガリガリ君には、担当者の「人を喜ばせたい」「笑わせたい」という想いの強さを感じるんですよね。それが上手く人の心を掴み、並み居るライバル商品の中でも抜群のヒットにつながっているのです。

街頭に立つガリガリ君の姿は、インパクトが絶大。入手困難になるほど人気のコーンポタージュ味は、フレンチの冷製スープのようで美味でしたよ。

食器のバカバカしい化にも好例があります。食器はイノベーションを起こしにくいし、PRが難しいジャンル。その困難なフィールドに**ちょっとした革命を起こした商品が「マンガ皿」**です。デザイナーのツタイミカさんが創作した全く新しいジャンルの皿で、表面に「ジャーン」「ぎゃあああ」など漫画でお馴染みのオノマトペ（描き文字）が描かれています。「ジャーン」の皿に豪快な厚切り肉のステーキを、「ぎゃあああ」の皿に箸で割きながら食べる焼き魚を盛り付けるなどして、食事に漫画の要素を取り入れることができます。

あるいは「ガラスの仮面」の名場面なども皿にプリントします。他の漫画の名場面も活用すれば、ビジネスは際限なく広がっていきます。バカバカしいけど、クスッと笑えるまさに異次元の食器。2980円と高単価にもかかわらず、人気が持続しています。

相手の鼻毛が出ていることを代行して通知するサービス「チョロリ」もまさにバカバカしい化の代表。恋人や同僚に対し「君、鼻毛が出ているよ、抜いたら？」とは面と向かっては言えない中、それを代わりにメールで伝えてくれるWebサービスです。ツイート数が1万2000、「いいね！」も8000以上。日本語版のほか、英語版と中国語版もリリースしています。無料サービスですが、運営する株式会社ZIZOと株式会社人間は、**ユーザーオリエンテッドな優れた企画力をアピールでき、多方面から仕事が舞い込んでいます。**

「欲しかったのはこれじゃなーい!!」で大ヒット

そして、**「ザリガニワークス」**。本当にバカバカしいものばかり作って売っている会社です。その1つが「コレジャナイロボ」。祖父母が孫の誕生日に買ってきたロボットの玩具。でも子どもがプレゼントを開けると出てきたのは自分の希望とは違うロボット。「欲しかったのはこれじゃなーい!!」。そんな誰しもが覚えのある経験をデフォルメし、**絶妙な偽物感、カッコ悪さを形にした商品が「コレジャナイロボ」**です。なんと2008年度グッドデザイン賞も受賞。かのポール・スミス氏が惚れ込み、共同で個展を開くなど予想外の展開に発展しています。

2つ目のヒット商品がサラリーマンの**「土下座」フィギュア**。平社員、新人、部長などが土下座している姿を人形にしたものです。初回生産分は即完売。キン肉マンのキャラクターの土下座ストラップも販売し、これも話題沸騰。バカバカしい化の成功例です。

ザリガニワークスとともに僕が好きな会社である**「バーグハンバーグバーグ」**もやっている

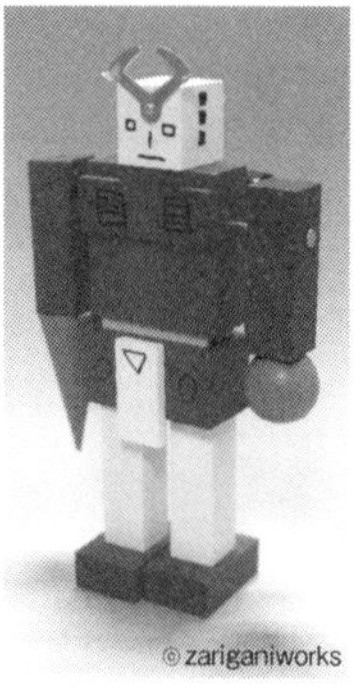

販売開始当初は苦戦したものの、インターネットショップに出品したのをきっかけに一躍人気となったコレジャナイロボ。実は木製です。土下座フィギュアの背中にはサラリーマンの悲哀がにじみます。

ビジネスはおかしなことばかり。**「すごい豆まき」**は会場の東京タワーに参加者600人を集め、用意された1・5トンの豆を鬼に向かって一斉に投げつけるという凄まじいイベント。他にもWebサイト「ブラック企業耐性診断」の開設、インド人のアドバイスを無視した「インド人完全無視カレー」の販売など、バカバカしいことに真面目に取り組んでいます。

ビーフジャーキーの分野で革命を起こした**「ゾンビ肉ジャーキー」(ノルコーポレーション)**は、どう考えても食欲をそそられない青い色をしたジャーキー。1カ月で予定の3倍の2万食を販売したそうです。

僕もバカバカしい化を実践しています。それは「世界一割れやすい」をうたい文句に、玄米せんべいで作った**「サバイバルせんべい iPhone5専用ケース」**。インターネットを中心に販売して、国内外の多くのニュースサイトに取り上げられました。

元々何の特徴もない玄米せんべいで割れやすいのが欠点。それを逆手にとって、宅配で注文客の手元に届いた時には既に割れている(可能性の高い)ケースとして売り出したら、そのコンセプトがウケてヒットしたのです。携帯電話なら肌身離さず持っているものですから、いざというときには食べられることも、この**iPhoneケース**のウケ狙いのポイントです。

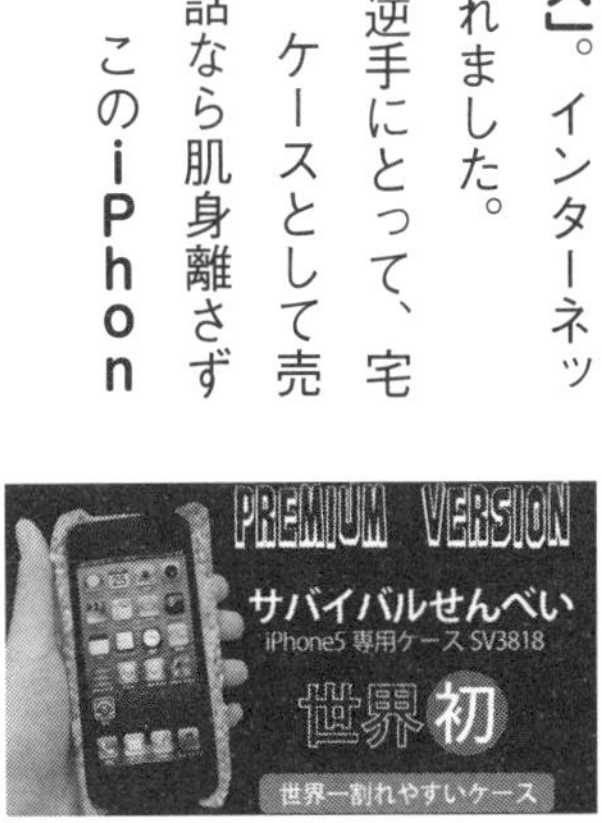

届くまでに割れる確立9%、落としたときに割れる確率120%(危険度MAX)……という取り扱い上の注意も。職人の手作りで、できるのは1日に3個程度。

僕はこのヒットに乗じて、今度は**リアルなせんべい布団**を売ろうと思っています。せんべいで作った子ども用サイズの布団を町の布団屋さんで販売しようという目論見です。

バカバカしい化で社員が元気になる！

他にも挙げればキリがないのですが、**とにかく思いついたらストッパーをかけずにやり切ってしまう**ことです。それほどお金をかけずに、世間の笑いや癒しを求めている人たちに訴求でき、ヒット商品になる可能性が高くなります。

また、このバカバカしい化には、思わぬ効果もあります。それは、社内に活気が出ること。**日頃から経費節減やノルマ達成を厳しく問われ息苦しさを感じている社員たちが、自分たちも楽しんで商品やサービスを作り出すことでいいガス抜きになり、世間から注目を浴びることで活性化**もするのです。

ポイントは、「腕こたつ」や「いいわ毛」、「雪だるまふくらまし機」のような、ドラえもんの道具を参考にバカバカしいことを発想する機会を自分自身で作ることです。通勤電車の中でもいいですし、それこそ同僚と飲み会の席で話の種にして盛り上がるというのも一つの手でしょう。**お酒を飲んでいるときって不思議とバカバカしいことを思い付きますよね。それをその場の与太話に終わらせず、次の日から実行してしまうのです。**

そして忘れてはいけないのが、バカバカしいことだけれどクオリティは高くすること。つまり**外面はおちゃらけているけど、中身は本物志向で作る**ということです。ザリガニワークスもバーグハンバーグバーグもディテールは非常に凝っていて、クリエイティブの質は非常に高いのです。面白くないことを面白く、さらにバカバカしく。でも中身は真面目に。これもバカバカしい化のポイントなのです。

POINT

- 世間の人たちはストレスやイライラが溜まり、ちょっとした笑いや癒しを求めている。
- クスッと笑えるものを提供すれば、SNSで瞬く間に広まる。
- 思考にストッパーをかけずにやり切ることが肝心。
- いまだかつてない商品やサービスが実現でき、イノベーションを起こせる!
- バカバカしい切り口でも、中身は真面目に本物志向で作る。

アイデア８

「○○専用」にするだけで、アピール力が桁違いにアップ！

ヒントをくれたひみつ道具

スカートめくり用マジックハンド

文字通り、スカートをめくるためのものとして、それ専用に開発されたマジックハンド。（11巻）

こんな悩みや課題を解決してくれる！

- 自社の商品やサービスに目立った特徴がない
- 誰に向けた商品なのか曖昧で売りにくい
- 広告を打つ予算がないので口コミで商品のことを広めたい！

商品やサービスは、できるだけ多くの人に売りたいと思うのが、皆さんの本音ですよね。でも、そうやって多くの人を意識して作ったものは、いざふたを開けてみると鳴かず飛ばずといったことが往々にしてあるのです。なぜなら、**万人向けを狙う商品は、逆に言えば、誰をターゲッ**

トにしているのか不明確な商品。「これは私向けの商品」と思ってもらえる可能性が低く、結果として誰にも見向きもされなくなります。

では、どうすればいいのでしょうか。**僕がよくヒントに使っているドラえもんのひみつ道具「スカートめくり用マジックハンド」を応用すると、思いのほか上手くいきます。**ドラえもんってたまにこういう下世話な道具が登場しますよね。しかし、この一見役に立たなさそうな道具がいざビジネスの発想の場面になると、意外と強力な武器になるのです。

ところで、マジックハンドって知っていますか？　遠くのモノを掴んだり、挟んだりするのに使う蛇腹状の玩具で、手元で操作して伸縮させることができます。この機能を利用したのが「スカートめくり用マジックハンド」で、ポイントはスカートめくり「専用」であること。売り込むターゲットを「スカートめくりがしたい人」に限定しているのです。そうすると、少なくともそういう思考の持ち主（全く褒められたものではありませんが）には、「これは私向けの商品」と、興味、関心を持ってもらえます。

つまり、**単なるマジックハンドでは誰からもスルーされていたところを、「専用」にすることで〝見向きされる商品〟に仕立て上げられる**わけです。

朝専用、B型専用、佐藤さん専用に大反響

実は、この「○○専用」の商品は世の中のいたるところでヒットを飛ばしています。有名なものが、**アサヒ飲料の「ワンダ　モーニングショット」**です。競争が激化していた缶コーヒー市場に、「朝に缶コーヒーを飲む男性が多い」という調査結果に基づき、「朝専用」という新たなジャンルの商品を発売。ブルーオーシャン市場を開拓し大ヒットとなっています。

少し前になりますが、2007年に発刊された『**B型　自分の説明書**』にはじまり、A型、AB型、O型とシリーズ化した「血液型本」が大ベストセラーになりましたよね。これも「○○専用」で成功した典型的な例です。その後も類似本が次々と出版され、血液型占い本ブームが巻を席巻しました。

同じような「○○専用」の本では、2012年に発売された『**佐藤さんの本**』も話題を呼んでいます。「佐藤」はよく知られるように、日本の苗字人口で堂々の第1位。何でも全国に200万人いるそうで、その人たちに向けた占い本として出版されました。佐藤さんが見たら、

朝から元気が出るような赤色のパッケージが特徴的。朝はいつもコレ！と習慣になっている人も多いはず。

「これって私のための商品！」と当然のことながら思うでしょうし、それ以外の苗字の人でもおそらく友人・知人に1人はいると思われる佐藤さんに「プレゼントしよう」というニーズも取り込めます。専用系ではこうしたギフトニーズも発生するため、潜在的な需要は意外と広いということも大きな特徴です。

「山口」で専用化したことで抜群の口コミ効果

僕もこの「〇〇専用」の発想を活用して商品をプロデュースしています。**「山口さんちのごめんなさいカレー」**です。「山口さんち」は「山口産地」とかけていて、食材に山口県の長州どりを使ったり、玉ネギと人参も山口県産を用いたりするなど、とにかく山口県にこだわって誠心誠意、真面目に作った商品。しかも、名前が「山口」（旧姓を含む）か、山口県出身者か、山口県内の店舗で買うかのいずれかに該当しなければ買うことができない、まさに「山口専用」のカレーです。

商品名の「ごめんなさい」はちょっとしたシャレです。「山口さんや山口出身者しか買えなくてごめんなさい」、「真面目に作ってごめんなさい」、あ

買う人を選ぶカレーとしてクチコミで大ブレイク。山口縛りで買えないというクレームも反響の証。

と、実はトマトだけアメリカ産を使っているので、「トマトだけアメリカ産でごめんなさい」（笑）……など色々な意味が込められています。これをＷｅｂで宣伝したところ口コミが広がって大ヒット。単なるカレーで売り出すより、数百倍のＰＲ効果があり、改めて「○○専用」のパワーを思い知りました。

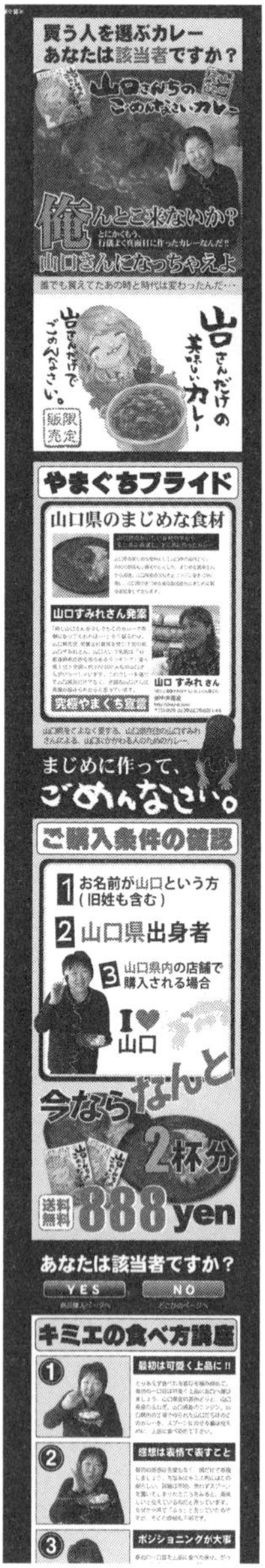

Ｗｅｂページでは、キミエという強烈なキャラが登場し、山口カレーの魅力をおもしろおかしく伝えています。

○○専用で消費者の感性と理性を刺激!!

「○○専用」は切り口を変えれば、いくらでも思い付きますよね。主な切り口は３つ。**「パーソナライズ別」「食材・製品別」「ＴＰＯ別」**です。パーソナライズ別は「佐藤さん」や「山口さん」、あるいは血液型など、ターゲットとなる個人群を特定するアプローチ。食材・製品別は例えば**「卵かけご飯専用醤油」**や**「アイスにかける醤油」「トマト専用ドレッシング」**などの類です。

TPO別は、朝専用の缶コーヒー「モーニングショット」がその代表。僕もTPO別で1つ案があって、**「朝専用シャンプー」とか「夜専用シャンプー」を作れば、絶対にヒットすると思うんですよ。**例えば朝は急いでいるから泡の切れがよかったり、香りが爽やかだったり。夜は逆にリラックスできる香りだったり。そうやってあらゆる商品について、**時間を切り口にターゲットを上手く明確化すれば、間違いなく新たな市場が生まれます。**もちろん、場所や状況別の切り口で専用化を考えることも有効ですね。

また大胆に発想すれば、**「血液型別専用醤油」「血液型別専用ソース」**などもアリです。ただし、絶対に必要なことが裏付け。なぜこの醤油もしくはソースが「A型」の血液型を持つ人専用なのかが納得できるものでなければ、ヒットにはつながりません。

以前、**「血液型別ヨーグルト」**が話題になったことがあります。ヨーグルトに含まれる乳酸菌は、腸に付着してできるだけ長くとどまることが整腸作用のために重要なのですが、血液型によって付着しやすい乳酸菌の種類が異なるという科学的な根拠に基づいています。つまり、A型ヨーグルトであれば、血液型がA型の人の腸に付着しやすい乳酸菌が含まれているというわけで、これなら消費者も納得し、購入してくれる可能性が高くなります。言ってみれば、**商品名で消費者の感性を刺激して「これは私向けの商品かも」と関心を持ってもらい、裏付けで理性に訴えかけ、「これなら納得、買ってもいいかも」と思ってもらうことが重要**なのです。

POINT

- **万人受けを狙った商品はスルーされる可能性が高い。**
- **「○○専用」とするだけで興味、関心を集めやすくなる。**
- **切り口は「パーソナライズ別」「食材・製品別」「TPO別」の3つ。**
- **「なぜあなた専用なのか」の根拠が明確であるほど、売れやすくなる！**

アイデア9

何でもエンタメ化すれば、ライバルと簡単に差を付けられる！

こんな悩みや課題を解決してくれる！

- 商品やサービスが、真面目過ぎて、平凡で、つまらないと言われることがある
- 楽しんで仕事がしたい！
- 買う人や利用する人を笑顔にしたい！

ヒントをくれたひみつ道具

ドラマチックガス

ドラマチックガスをかけられた人間は、その周りで起こる何でもない出来事が極端に感動的に、ドラマチックに感じられるようになる。(36巻)

商品やサービスが売れない……。大きな理由は何でしょう？　**細かいことを抜きにしてひと言で言えば、面白くないから**です。人間だって真面目過ぎて、平凡で、つまらなければ当然の

ことながら人気は出ないでしょう。それと同じで、そんな商品やサービスが人気者になろうとしても土台無理な話です。

どうすればいいかは簡単。ドラえもんのひみつ道具を借りるなら、**何でも「ドラマチックガス」をシューッとひと吹きかければいい**のです。つまり、面白くないもの、面白くないことを、ドラマ化、エンタメ化して、面白くする。これだけでライバルの商品やサービスと大きく差別化でき、格段に商品力、サービス力が増すことになります。

店をエンタメ化して客を集める!

実際に成功している例が、僕も大好きで、月に何回も行ってしまう**融合型書店「ヴィレッジヴァンガード」(通称:ヴィレヴァン)**です。本はもちろんのこと、生活雑貨やインテリア、家具、プレゼント、パーティーグッズまで揃う「遊べる本屋」というのがコンセプト。本屋なんて、本棚に本が整然と並んでいるだけで、店舗自体に娯楽性はないのが一般的です。ヴィレヴァンでは、その常識を外して、**店舗自体をエンタメ化し、見ているだけで面白く、ワクワクするような空間に演出**しています。他店には見られないオリジナリティのある本や雑貨の品揃えが最高に楽しめるし、商品を紹介するＰＯＰの内容がまた面白い。マーケティングの勉強にもなりますよね。

本屋をエンタメ化するなんて、誰も思いつかないことをやってのけ、それが圧倒的な差別化につながり、人気となっています。店長に権限を委譲して店作りをすべて任せているため、店ごとに品揃えやレイアウトが違うことも特徴。例えば、自由が丘店、下北沢店、渋谷宇田川店は異なる店作りになっているので、それぞれを回ってみても楽しめますよ。

同じようにスタッフに権限を持たせて、チェーン店にも関わらず、それぞれの店が異なる個性を発揮しているのが**「北野エース」というスーパー。いわばヴィレヴァンの食品版**です。５００種類を集めたカレー売場、味噌90種類、醤油１５０種類、ドレッシング１７０種類など、他店とは一線を画する品揃えも特徴。**価格の安さではなく、品質と価値の高さで勝負し、「どうせ買うならいいモノを楽しく買いたい」という消費者のニーズを満たしています。**

そして、首都圏や関西圏を中心に50店舗を展開し、大成功を収めているのです。

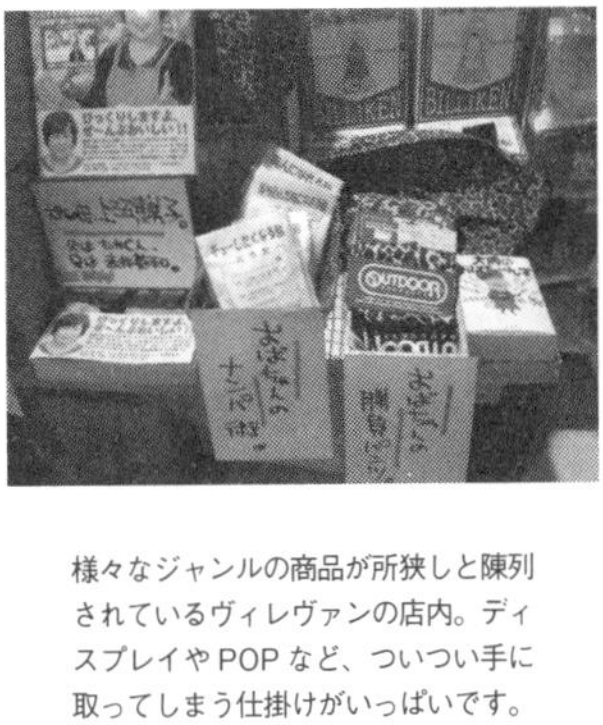

様々なジャンルの商品が所狭しと陳列されているヴィレヴァンの店内。ディスプレイやPOPなど、ついつい手に取ってしまう仕掛けがいっぱいです。

また**「倉敷 平翠軒」**では、**「おいしいものブティック」をコンセプト**に、他店ではまず見られない希少価値の高い品揃えで、「究極の食品を求めたい」というユーザーニーズに応えています。店内はまさに美食のブティックで、珍しいグルメのオンパレード。見ているだけで楽しめます。日本中から百貨店のバイヤーが訪れ、世界中からレストランのオーナーが買いに来るというもはや伝説的な食料品店です。こうして**店にドラマチックガスをかけてエンタメ化するだけで、たちまち人気店にすることができる**のです。

何の変哲もないものほど効果的！

「男前豆腐」（男前豆腐店）や**「ガンダム豆腐」（相模屋食料）**も、普通に売れば何の変哲もない豆腐という食品をエンタメ化することによって付加価値を付けた成功例です。

男前豆腐では、安値競争に走る豆腐業界に未来はないと判断した担当者が、二重底のパッケージを開発。出荷後に水が徐々に切れていく構造にし、水がしたたる豆腐と、「水もしたたるいい男」をかけ、「男前豆腐」という名称で価格帯を多少高くして販売したところ大ヒットしています。ガンダム豆腐では、人気アニメ『機動戦士ガンダム』に登場する敵のロボット「ザク」

を模した**「ザクとうふ」**を発売し、260万丁も売れるヒット商品になっています。その後、**「ズゴックとうふ」「ビグ・ザムとうふ」**も発売し、いずれも30～40代のガンダム世代を中心にヒットを飛ばしています。何の面白味のない豆腐をドラマチックガスをかけて面白く変身させる。エンタメ化の成功のおかげで、製造元の相模屋食料は全国で広く社名が知られるようにもなりました。

他にも**「くらこん塩こんぶ」（くらこん）**が、自社商品を愛する「塩こん部長」というキャラクターを設定し、WebサイトやSNSで様々なストーリーを拡散させるなどして、エンタメ化しています。塩昆布自体は何の面白味もない食品ですが、塩こん部長というキャラの助けを借りることで、口コミが瞬く間に広がり、一躍人気商品となっているのです。

これは昔、セガが「ドリームキャスト」を販売するときに、自社の実際の役員であり、商品をこよなく愛する湯川専務をCMや街頭販売などに起用し、話題性を喚起した手法と似ていますよね。特にタレントや人気アニメの主人公を使わなくても、エンタメ化ができる好例です。

また、職人的な生真面目さが売りの商品やサービスほど、エンタメ化するとそのギャップで

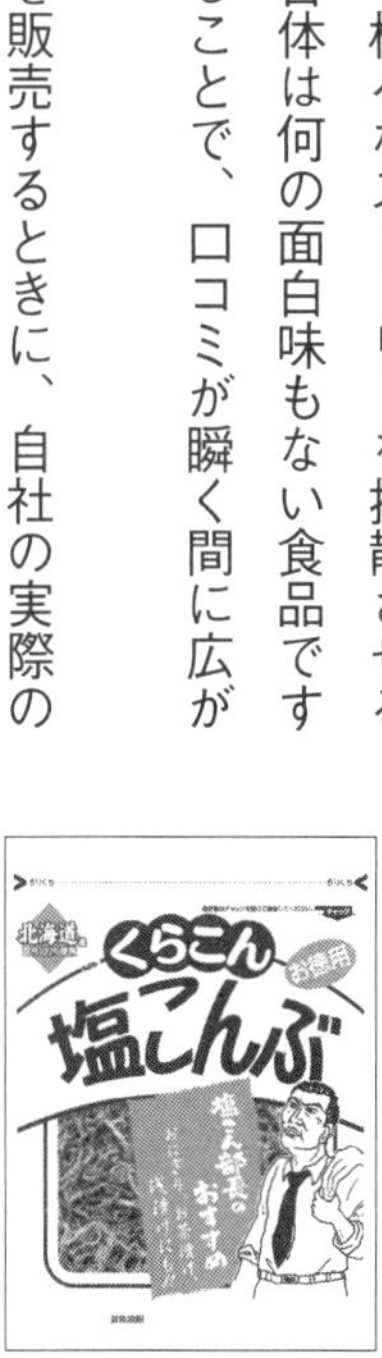

ホームページによると、塩こん部長の座右の銘は「塩こんぶのように他人のよさを引き出す人間であれ」だそう。キャラ設定が秀逸です。

話題になる可能性が高いこともポイント。本屋、豆腐、塩昆布なんて、まさに真面目が取り柄のジャンルですよね。他にもいくらでもある真面目一筋稼業をドラマチックガスですべてエンタメ化してしまえ！　僕が経営者や責任者であれば、間違いなくそう指示を出しますね。

合言葉は「面白くないものを面白く」

あとは、これも僕が好きなサービスですが、**通販のフェリシモが販売する「500色の色えんぴつ」**。毎月25本ずつ送られてきて、20カ月で全色が揃う仕組みです。20カ月かけて世界最大級の色数を持つ500色の色えんぴつコレクションが徐々に形作られていく、その過程を楽しむというコンセプト。値段は月1500円と決して安くはないのですが、フェリシモの不動の人気商品です。毎月、少しずつ色が増えていくなんて、本当にドラマチックですよね。

女性向けの商品でもエンタメ化は効果的です。「東京ガールズ不動産」（ヴィーナスキャピタル）は女性がいかにも好みそうな可愛かったり、エレガントだったりするインテリアの部屋だけを紹介する情報サイト。立地や間取り、家賃で選ぶ従来の不動産にはない、エンタメ感や楽しさを提供しています。

ドラマチックガスを使うポイントは、**まずは「面白くないことを面白くしてみよう」という心構えを自分自身にインストール**することです。消費者や利用者を楽しませるためにはどうしたらいいか。その点だけに集中して考えれば、何かしらの案が浮かんでくるでしょう。

あとは、バカバカしい化のときと同じように実行あるのみです。消費者や利用者を楽しませるためにはどうしたらいいか。その点だけに集中して考えれば、何かしらの案が浮かんでくるでしょう。あとは、バカバカしい化のときと同じように実行あるのみです。顧客を楽しませることは自分の喜びにもつながるので、**コツが掴めて結果を出せれば、つまらなかった仕事も一転して面白くなりますよ。**

POINT

- **売れない原因は、ひと言で言えば「面白くないから」。**
- **ドラマチックガスで商品力、サービス力を強化し、ライバルに差をつける！**
- **真面目な印象が強いもの（本屋や豆腐など）ほど、ギャップが大きく効果的。**
- **「面白くないことを面白くしてみよう」という心構えが肝心。**

アイデア10

逆に考えれば、新たな市場を自分で作ることができる！

ヒントをくれたひみつ道具

あべこべクリーム

体にすり込むと名前の通り感覚が逆になり、熱いものが冷たく感じられ、寒くなっても暖かく感じられるようになるクリーム。（1巻）

こんな悩みや課題を解決してくれる！

- 自社の商品、サービスが弱点だらけで、どうにも他社のものに勝てる気がしない
- 新しいビジネスのアイデアが全く思い浮かばない
- 取引先（あるいは上司）から思い切った改善案を求められている

人は誰でもコンプレックスの1つや2つを持っているものです。顔にそばかすがある。髪がくせ毛。鼻が低い。でも、見方を180度変えて、それをチャームポイントだと思えば、俄然感じ方は変わってきます。しかも、周囲も実は「顔のそばかすは愛嬌があって可愛い」と全く

欠点として捉えておらず、それどころかむしろ、プラスの要素として見ている場合も往々にしてあります。つまり、**弱点や欠点だと思い込んでいることも、考え方ひとつで逆に強みとなり、その人の魅力となる**わけです。

商品やサービスの場合も同じです。僕は弱みだらけの商品・サービスを何とか売れないものかと考えるときや、ビジネスのアイデアが行き詰ったりしたときは、**ドラえもんのひみつ道具の「あべこべクリーム」をヒントに発想**するようにしています。

もし、あべこべクリームを塗って逆転発想で考えてみたらどうなるだろうか。欠点がたくさんある商品でも、あきらめずに考えぬくと、それらを逆にポジティブに利用できるアプローチが見えてきます。これが**思わぬブレイクスルーとなり、ピンチがチャンスになることも意外と多い**のです。

常識と逆のことをあえてやってみる！

論より証拠ということで、実際の成功事例を見てみましょう。少し前の話で言えば、**「発泡酒」**。

酒税法では麦芽の使用量に応じて酒税が決まっていて、麦芽の比率が67%（3分の2）以上のものをビール、それ未満のものは「雑種 発泡酒」に区分され、発泡酒は税率が低くなっていました。そこに目をつけたのがサントリーで、1994年に日本初の発泡酒「ホップス」を発売しました。麦芽100%など、麦芽をたくさん使って本格的な味を追求することが常識だったものを、逆に使わないというあべこべクリーム的な発想を活用。酒税が安い分、安価に販売できるようになり、一気に人気商品となりました。さらに「味が薄い」「苦味が足りない」といった欠点を、「軽くあっさりしていて飲みやすい」という長所に変えて、女性やアルコール初心者に売り込むなど、セールストークでもあべこべクリーム発想を存分に活用しています。

「ポストイット」も知られざるあべこべクリーム発想の産物です。開発元の3Mでは、当時接着力の弱い糊ができてしまった。つまり、完全な失敗作です。けれど、それをどうにか活用できないかと考えた結果、付けたり、はがしたりを繰り返すことができるポストイットが誕生しました。どれだけ強力にくっつけられるかを競ってきた糊業界の常識の逆を行き、ヒット商品を生み出すことができたのです。

しっかりと染まらない白髪染め「つや髪」(セリジエ)も逆転発想で、シニア層に大ヒットしています。白髪染めは1回でしっかり染まるほうが当然いいわけです。でも、従来の白髪染めは「頻繁に染めると髪が痛む」「時間や手間がかかる」「鼻にツンとくる臭いがある」といった欠点もあり、ユーザーの不満がありました。その点、つや髪は髪を傷めず、直接手にとって乾いた髪に手軽に塗りこむことができる。30分後にシャワーで洗い流せばいいから時間もかからないし、手に付いた染料は石鹸で洗えば簡単に落ち、手も黒くならないので手間もかからない。それに臭いも少ない。ユーザーの不満が見事に解消されています。

ただし、染料の効力が強くない分、しっかりと染まらない。だから最初は3日連続で塗り込む必要があります。さらにその後も週1、2回は塗り込みを継続しなければ染まった状態を維持できません。いわばあちらを立てればこちらが立たずのトレードオフの関係なのですが、何より手軽さが受けて、人気となっているのです。また、あまりにも真っ黒になってしまうと不自然なので、少し染まっている状態にしたいというニーズも取り込めます。

あべこべクリームは新しい文化も作る

まだまだ逆転発想の例はいくらでもあります。皆さんも一度は食べたことがあるであろう**「雪見だいふく」（ロッテ）**。アイスクリームは夏の食べ物という常識を覆し、冬にコタツに入りながら食べるというのがコンセプトです。僕はこの商品をきっかけに、冬にもアイスクリームを食べるという文化が始まったと思っています。まさにエポックメイキングな商品です。

「ファンタ ふるふるシェイカー」（コカ・コーラ）も画期的な逆転発想飲料。何せ、振ってはいけないという炭酸飲料の常識を覆し、「振らなきゃ飲めない」という商品なんですから。発売されたときは僕も度肝を抜かれましたよ。中身はゼリーで、振ると崩れて、ゼリーのプルンとした食感とシュワッとはじける炭酸が味わえるというもの。この発想法からは学ぶべき点がたくさんあります。

あとは、卒園までに逆立ちで歩かせたり、バク転をさせたりする幼稚園・保育園があるのを知っていますか？**「ヨコミネ式教育法」**を導入している幼稚園、保育園です。

提唱して全国に広げているのは横峯吉文氏で、プロゴルファーの横峯さくら氏の父・良郎氏の弟さん。普通に考えると、園児に逆立ちやバク転なんて危なくてやらせたくないというのが親心であり、一般的な先生も同様の考え方のはず。でも、ゆとり教育とは逆のスタンスで、厳しく鍛えるというその独特のカリキュラムが人気となって、全国の幼稚園や保育園に広がっているのです。賛否両論はあるかと思いますが、あべこべクリームの発想が教育面でも活用されている事実は、注目に値しますよね。

最近話題になっている**「離婚式」**も画期的です。離婚なんて普通世間からは隠したいこと。

でも、それを堂々とセレモニーにしてしまうのがこの離婚式です。新郎新婦ならぬ旧郎旧婦が、仲人ではなく裂人（さこうど）とともに入場し、結婚指輪をハンマーで叩き割ります。生みの親は自らが離婚式プランナーを担当する寺井広樹氏。かつての結婚式の参列者を離婚式に再び招待するらしく、招かれる方も複雑な気持ちですよね。でも、こうしてセレモニーを挙げることによって、お互い後腐れなくすっきりと関係を解消でき、結婚式とは違った意味で新たな旅立ちとなります。

このコンセプトも人気となり、離婚式を挙げるカップルが増えるとともに、寺井氏自身がラジオ番組「離婚さん、いらっしゃい。」のパーソナリティを務めたり、離婚式をテーマにした舞台やドラマ、漫画を監修したりするなど、引っ張りだこの状態になっています。

一発逆転を狙える強力なひみつ道具

もう少しあべこべクリーム発想の商品を紹介しておきましょう。

離婚式で二人が行う最後の共同作業は、結婚指輪をハンマーで叩き潰すこと。ぐにゃりと曲がった指輪は痛々しいかぎりです。菊の花束でブーケトスをするなど、細部にまでこだわった演出がされています。

近年ヒットしているのがリーボックが口火を切るように発売して大ヒットジャンルとなっている**「トーニングシューズ」**。一般的に靴は地面をグリップし安定させることで、しっかりと歩いたり、走ったりすることをサポートするものです。しかし、トーニングシューズは全く逆で、靴底を不安定な形状にし、普通の靴よりも余計に筋肉を使わせることでエクササイズ効果を図るというもの。特に草分けとなったリーボックの「イージートーン」は爆発的な人気となっています。

女性では**「大きな胸を小さく見せるブラ」**も話題です。これまで胸を大きく見せるための下着はありましたが、その逆はなかったところに着目した商品です。女性の中には「胸が大きいと太って見える」「シャツのボタンの隙間が気になる」などとコンプレックスを抱いている人も多いことに目を付け、ワコールが製品化したもの。逆転発想により新たなジャンルを開拓し、人気となっています。

何度も登場させてしまいますが、**僕がプロデュースした「サバイバルせんべい」もあべこべクリーム発想を取り入れた商品**です。元々、玄米が原料のために割れやすかったせんべい。この欠点をどうするか悩んでいたのですが、逆転発想で割れやすいことを前面に出し「世界一割れやすいせん

発売当初は、女性向けのエクササイズシューズという印象でしたが、現在では普段履きしやすいスリッポンタイプや、男性用のシューズなども出ています。

べい」として発売したところ、大反響を呼んだわけです。逆に、割れていなかったらクレームが来るような状況にもなってしまいました(笑)。

とにかく、**欠点や弱点をどうすれば長所や魅力に変えられるかを、あきらめずに徹底的に考えることが重要ですね。これって、成功すれば世の中にない商品やサービスを他に先駆けて販売できることにつながり、一気にオンリーワンでナンバーワンのポジションを獲得できます。**

売上げの減少に頭を抱えている会社が一発逆転を狙うときにも、活用してほしいですね。

POINT

- 弱点や欠点は、考え方次第で逆に強みや魅力になる!
- あべこべクリームの発想で考えれば、ピンチもチャンスに変わる!
- 欠点や弱点をどうすれば長所や魅力に変えられるかを徹底的に考え抜く。
- 世にないものを作ることができ、オンリーワン&ナンバーワンになれる!

アイデア 11

常識を無視してゼロベースで考え、全く新しい商品・サービスを売る！

ヒントをくれたひみつ道具

水中花火

水が入った容器の中で打ち上げられるミニ花火。火気の危険がなく、絶対に安全。（11巻）

こんな悩みや課題を解決してくれる！

- みんなをアッと言わせるような新しい商品やサービスを作ってみたい
- 取引先から今までにない商品・サービスの提案を求められている
- 上司に「お前の提案は当たり前すぎる。もっと斬新なアイデアを持ってこい」といつも怒られている

取引先や上司に「何か新しい商品やサービスを考えてくれ」と言われたら、あなたならどうしますか。同業他社が何をやっているか、とりあえずリサーチ？　過去に遡って何かいい事例がないか探して参考にしてみる？　それらももちろん1つの手です。でも、**二番煎じの方法で**

はなかなか上司や取引先が満足する答えにはならないこともあるでしょう。また、とかく常識に捕われたもの、ある一定の枠内に小ぢんまりと収まっているようなものになりがちで、突き抜けるようなヒット作を生み出すことは困難です。

僕はそうした守りの思考に陥らないためにも、**時にはぶっ飛んだ発想をするように、あえて努力**することがあります。そんなとき発想のヒントにするのが、ドラえもんのひみつ道具である**「水中花火」**。この道具は「水中花」と「花火」をかけていてネーミングとしても最高の出来なのですが、コンセプトもお手本になります。花火で遊ぶときは最後にしっかりと火を消すため、または万が一のことを考えてバケツに水を入れて用意するのが常識。でもいったん常識を取り払って考えれば、水の中で打ち上げられるようなミニ花火にすれば、わざわざ水を用意することもないし、絶対に安全なので、室内でも楽しめます。

同じようにすべての商品やサービスに関しても、**いったん何のルールや常識もないゼロの状態に戻して、イチから考えることができれば、全く新しい商品やサービスを生み出せる可能性が高くなります。**ビジネスの世界では「ゼロベース思考」といわれるフレームワークの1つですが、僕はこの発想法を本当によく使っています。この方法なら、誰もが驚くようなアイデアをコンスタントに出せるのです。

勧悪懲善ゲームと絵の測り売りの衝撃

プレイステーション・ポータブルの専用ゲームに、従来のゲームの概念を根本から覆すタイトルがあります。その名も『**勇者のくせになまいきだ。**』。ゲームの目的はなんと、魔物を操作して正義の味方である「勇者」を倒し、悪の権化である魔王を守ること。

つまり、本来勇者となって魔王を倒すという勧善懲悪がゲームの王道であるところを、そうしたルールをいったんゼロに戻して、**全く逆のルールのゲームに仕立て上げています。**これは僕が大好きなゲーム。当たり前のことを当たり前でなくしてしまい、ゼロベース志向で全く新しい概念のものを作った好例ですね。

アートの世界でも、水中花火に負けないような革命的なサービスが誕生しています。**面白法人カヤックが開設した「アートメーター」**というオンラインショップで、ここでは**画家が描いた絵を何と「測り売り」で販売**しています。基本単価は1㎠当たり5円。縦10㎝、横10㎝の絵であれば100㎠で500円。画廊の世界では値段は作家や店の提示額なので、高いとも安いとも判断できず、いずれにせよそれに従って購入するしかない。当たり前になっていますが、よく考えれば何となく釈然としない価格体系です。それに対し、アートメーターではその業界の常識となっている価格決定のルールを一度ガラガラポンと壊してしまい、測り売りという全く新しいルールを作り出しています。

　これだけ明朗会計であれば、今まで絵を買ったことがなかった人も興味を示すだろうし、買う人が増えれば画家の生活も潤う。ある程度稼げる見込みが立てば、画家になろうという人も増えてきます。**水中花火的な発想をすると、こうして新たなマーケットが生まれる道が切り拓かれていくわけです。**

　また、絵の売買を測り売りという方法で単純化することによって、芸術性などを見て値段を決めるという**専門的なスキルが必要なくなる**こともポイント。誰でも簡単に市場に参加できるようになり、取引も右から左へスムーズに成立するようになって、**市場が自然と活性化するという利点**もあります。

　少し前になりますが、古着の量り売りの店も流行りましたよね。**「パーグラムマーケット」**という古着屋さんで単価は1gあたり8円。ミリタリー系、ワーク系、ジャージ系などの古着をまるで肉屋の量り売りのように販売。これも値決めをする専門性から解放され、売りやすく、買いやすくなっていることが特徴です。

iTunesストアも素ラーメンも発想は同じ

今やすっかり定着し、もはや何の違和感もなく使っている**「iTunesストア」**ですが、この楽曲の販売方法も音楽業界の常識をぶっ壊して誕生したものでしたね。

通常、CDのアルバムだと、ヒット曲だけでなくマイナーな曲も一緒に収録されていて、ヒット曲だけを購入したい人にとってはやや不便なシステム。それをiTunesストアでは、アルバムをばらして1曲ごとに購入できるようにしています。欲しい曲だけを購入したいユーザーにとっては格段に便利なサービス。これも従来の常識に捕われずに、ネット上でどのように楽曲を売ることがベストなのかをゼロベースで考えた上での結論であったと言えます。アルバムは買いたくないけど、ヒット曲だけでいいなら購入しようという新たなニーズも取り込めるようになり、結果的に機会損失も防いでいます。

食品系でも水中花火の発想は有効ですよ。例えば、鳥取県にある武蔵屋食堂や鳥取市役所の食堂でメニュー化されている名物の**「素ラーメン」**。和風うどん出汁に中華そばの細めのストレート麺が入り、具は半分のかまぼこが2切れともやし、天かすだけのシンプルさを極めた一品です。近頃のラーメンと言えば、「全部のせ」やら「厚切りシャーシュー5枚」「野菜たっぷり」など、とにかく具だくさんが流行り。そのトレンドをいったんゼロに戻し、純粋に麺の美味しさだけを味わうというのがこの素ラーメンの極意です。

かけそばやかけうどんといった素そば、素うどんのメニューはあるものの、ラーメンでそれを出されるとかなり不思議な感じがしますね。それでも、従来の具だくさんラーメンに飽き飽きしている人たちに人気。お年寄りや子どもの腹ごしらえという意味でもちょうどいいと言えます。店側にとっても具材を用意したり、のせたりする手間が省けることはメリットでしょう。

常識なんてクソくらえ！

高知県須崎市の名物**「鍋焼きラーメン」**も常識外れのメニューです。鍋焼きうどんはあるものの、ラーメンを鍋でグツグツやってしまったら麺がのびてしまうだろうという心配をよそに、立派なご当地B級グルメとしてその名を全国に轟かせています。

麺は細めのストレート麺で少し硬めに提供されているため、最後までのびることなく美味しく食べられます。常識に捕われない柔らかい発想が、B級グルメの世界で須崎市の地名を全国レベルに押し上げたわけです。

何か新しいものを考えようとする場合、常に邪魔をするのが業界の常識やルール。とにかくお伝えしたいことは、**常識やルールをいったんゼロにして、水中花火に匹敵するような全く新しいものを生み出すべく、知恵を絞りましょう**ということです。ちょっと過激に言えば、「常識なんてクソくらえ！」ということ。食品で言えば、素ラーメンや鍋焼きラーメンのように、意外と簡単に実践できるものもあります。話題性と新鮮味があるため、単価を高く設定しても購入してもらえることもメリットでしょう。

POINT

- すべての商品やサービスを何のルールや常識もないゼロの状態に戻す。
- イチから考えれば、全く新しいものを生み出せる可能性が高くなる。
- 水中花火的な発想をすれば、新たなマーケットも切り拓ける。
- 意外と簡単に実践できるものも多い。
- 話題性と新鮮味があるから単価を高くしても売れる！

アイデア 12

本体（本サービス）で儲けるのではなく、消耗品（オプションサービス）で儲ける！

ヒントをくれたひみつ道具

タケコプター

言わずと知れたドラえもんの代表的なひみつ道具。頭に着ける竹とんぼのような道具で、ヘリコプターのようにプロペラが回り、空を自由に飛ぶことができる。（1巻）

こんな悩みや課題を解決してくれる！

- 長く継続して儲けられるような仕組みがほしい
- イニシャル（初期）コストを安く抑えて導入のハードルを低くしたい
- 顧客をガッチリと囲い込みたい

ドラえもんのひみつ道具の代表格と言えば**「タケコプター」**。ドラえもんの歌にも登場する有名な道具なので、知らない人はほとんどいないでしょう。でも、このタケコプターには意外と知られていない事実もあります。皆さんは、タケコプターの動力源を知っていますか？ **何を隠そう、電池で動いている**のです。

未来の道具なのだから、太陽光発電などにして、半永久的に使えるようにしてもいいと思いませんか。あるいは空気中の酸素と水素を取り込んでエネルギーを発生させるとか、未来的な動力源にしてもいいところを、あえて電池。

でも、ビジネスとしては非常によくできた商品であると見ることもできます。つまり、タケコプターは本体の販売で儲けるのではなく、電池で儲けているのです。何でも8時間連続駆動すると電池切れとなるそうなので、そのたびにおそらく専用の電池を買わなければならないわけです。**言ってみれば本体ではなく、消耗品で儲けを出していく。**これが、タケコプタービジネスなのです。商売を進めるうえで、この手法に学ぶ点は非常に多いのではないでしょうか。

本体では儲からないことを教訓に

このタケコプタービジネスと同じような事例は、実は世の中に意外とたくさんあります。失敗例として昔から有名な話が、カメラの事例です。**キヤノン**は世界に認められるカメラを作ろうと日夜努力し、ようやく世界的にも評判の商品を開発することができました。しかし、それで継続的に儲けられたかと言えば、そんなことはなかった。**実は、儲けたのは富士フィルムなどのフィルムメーカー**だったのです。

カメラは、一度売ってしまえば、買い替え時期が来るまで需要がありません。それに対し、フィルムはカメラが使用されるたびに需要が発生します。本体ではなく消耗品の方が儲かる。しかも、継続して収益に貢献してくれる。キヤノンをはじめ各メーカーにとって、カメラとフィルムの関係は大きな教訓となったはずです。

キヤノンはその後の**プリンタービジネス**で、その教訓を見事に活かしています。プリンターの本体って、今や実売価格で1万円を切る商品なんてザラですよね。衝撃的な安さです。つまり、メーカーは本体を売っているだけでは全く儲からないのです。

では、**どこで儲けているのかと言えば、言うまでもなく「インク」**です。インクは高いですよね。全色を1回揃えただけで、下手すると、本体の値段を超えてしまいます。しかも、その消耗度は激しい場合もあり、色の種類によってはすぐに切れてしまうので、補充のたびにコストが積み増しされていきます。

メーカーサイドから見れば、これは実に上手く作られた、タケコプタービジネスの典型です。

本体はできる限り安くして、導入コストのハードルを極めて低くする。「これは安い」と思って購入すると、インク切れのメッセージが立て続けに表示され、予想外のランニングコストがかかる。それはそのままメーカーを潤すことにつながるわけです。

さらに巧みなことに、メーカー専用の純正インクを使わなければならず、非純正品を使うと不具合が起こる可能性があります。まさに**ガッチリと囲い込んで、継続してお金が落ちる仕組み**になっているわけです。

ジレットモデルは最強の仕組み

同じような仕組みは実は古くからあります。**その草分けが、剃刀《かみそり》メーカーのジレット**。ジレットは髭剃り用剃刀の柄（ホルダー）を安く提供し、その後、消耗品となる「替え刃」で儲けるというビジネスをいち早く取り入れ、莫大な利益を手にしました。ジレットの柄にはジレット製の替え刃しか合わないので、ユーザーは必然的に囲い込まれ、否が応でもリピートせざるを得なくなるわけです。

これが**世にも有名な、消耗品で稼ぐ「ジレットモデル」**。今ではほとんどすべての剃刀メーカーが採用している仕組みです。ホテルなどの備品向けに商品を無料で提供し、使い心地のよさを存分に味わってもらってリピートにつなげているメーカーもあります。

キヤノンの他にも、このジレットモデル（ドラえもんで言えば、タケコプターモデルですね）に近い仕組みを実践している企業は多々あります。ゲーム機も、ゲーム本体は赤字でもソフトで儲けられる構造。携帯電話も端末を極めて安価に提供し、月々の通話やデータ通信料金で儲けています。多くの企業が採用しているところから見ても、このジレットモデル＝タケコプターモデルは最強のビジネスの仕組みであることがわかります。

「使い続けるタイプ」と「使い捨てタイプ」を用意

さらに興味深いことに、タケコプターは電池を交換するレンタルバージョンとともに、電池が切れたら捨ててしまう使い捨てバージョンの2種類があります。これがまた、ビジネスにとって、大いに参考になるのです。偶然にも、最強と言われているジレットモデルを生み出したジレットでは、使い捨ての剃刀も販売しています。これは旅行の携行用に便利ですし、ホテルなどでも提供されています。

今後、新たに商品やサービスを発案するときは、タケコプターモデルを念頭に、本体や本サービスではなく、消耗品やオプションサービスで儲けられる仕組みにできないかを考えることも重要です。さらに使い捨てタイプの商品やサービスもラインナップに加えると、より多様なニーズを取り込むことができ、成功する可能性が高くなると言えるでしょう。

POINT

- 消耗品で儲けを出していく商売がタケコプターモデル。
- ユーザーをガッチリ囲い込み、お金が落ちてくる仕組みが実現。
- 草分けがジレットモデル。プリンターも同じ仕組みで大成功。
- タケコプターはレンタル版と使い捨て版の2種類がある。
- 消耗品やオプションサービスで儲けられる仕組みをまず考える。
- 「使い捨てタイプ」も用意すれば、多様なニーズを取り込める。

第４章

ひみつ道具をヒントに最強の売り方・売れる仕組みに変えよう

ひみつ道具を使って作る最強の売る仕組み
放っておいてもドンドン売れるようになる！

目の前に商品があります。健康食品、保険、着物、システムキッチン……なんでもいいでしょう。とにかくそれをやり方は任せるから売ってきてほしいと社長や幹部に厳命されています。もしくは取引先に何とかさばけないものかと相談されている。アナタならどうしますか？

昔なら取引先を接待して、何とか買ってもらうというアプローチもあったと思います。しかし、今はどこも経費削減で十分な接待費を確保できる会社は少ないでしょう。

そうであれば、人海戦術しかないと、片っ端からテレアポ営業したり、飛び込み営業したりする人もいるでしょう。営業は数をこなしてナンボといわんばかりに、何度断られても体育会系のノリで猪突猛進の営業攻勢をかけるわけです。

でもそれで結果が出る保証はどこにもありません。特に今は個人も法人も財布の紐が非常に堅くなっています。何度粘ってもなかなか折れてくれないのが現実。「営業は断られてから始まる」なんていうもっともらしい格言がもてはやされた時代はとうに過ぎています。そんな昔の言葉を信じて通い詰めても、結局ダメでしたということなど今や日常茶飯事ですよね。そうなっては、費やした時間も手間もすべてが無駄になります。

勝手に売れていく仕組みを考える

では、どうすればいいのでしょうか。もう個人の裁量に任せる売り方からは脱したほうがいいと思います。それよりも、テレアポ営業とか、飛び込み営業とかをしなくても、勝手に売れていく売り方、あるいは売れる仕組みを考えることの方が、近道です。そんな最強の売り方、最強の売れる仕組みを作るときにヒントになるのが、ドラえもんのひみつ道具なのです。

僕はどうしても売らなければならなかったり、知人やクライアントから売ってほしいと頼まれたりしたときは、真っ先にいくつかの道具を思い浮かべ、アイデアをひねり出すようにしています。では、そんな「**❸売り方・売る仕組みを変える**」（25ページ参照）場合に役立つ道具も、一緒に見ていくことにしましょう。

アイデア 13

売る相手、売る場所を変えれば、何でも売れるようになる！

ヒントをくれたひみつ道具

重力ペンキ

天井や壁に塗れば、塗った場所に重力が発生して「床」になり、通常の地面と同じように人間が立ったり、物を置いたりすることができる。（5巻）

こんな悩みや課題を解決してくれる！

- 一見、何の価値もないものをどうにか人気商品に仕立て上げたい
- オワコン（終わったコンテンツ、ユーザーに飽きられたもの）を復活させたい
- 新しい営業先を開拓したい！

昔は流行っていたんだけど、今は売上げが激減している商品。もはや全く価値がなくなってしまい、撤退してしまったサービス。どの会社でもそんなお荷物だったり、過去の遺物になってしまったりしたものが何かしらあるものです。でも、**それらの商品やサービスって、本当に**

もう賞味期限切れなのでしょうか。

僕は**一見価値がなさそうなもの、あるいは一時期売れていたけど今は不人気になってしまったものには、想像の中でドラえもんの「重力ペンキ」を塗ってみる**ことにしています。重力ペンキは、壁や天井など居住スペースとしてはあまり価値がなかったものに塗って、それらに重力を持たせることで、「床」として利用できるようにするもの。同じように、無価値だったり、価値が下がってしまったものに対して、本当に価値がないのか、何かしらあるんじゃないかと、**価値を再発掘する作業を頭の中で行う**わけです。

具体的にどうするのかと言えば、主に売り先や売る場所を変えることを考えます。つまり、**この相手、この場所では売れなかったけど、違う相手、異なる場所に変えて売れば、人気商品になるのではないかと、重力ペンキを塗る場所を模索する**のです。

これが結構効果的で意外と強力。見向きもされなかったり、低迷していたりした商品が、たちまち売れ始めることも少なくないのです！

世の中、うまいことを考える人は結構いるもので、重力ペンキをペタペタ塗って大儲けしている人が実はたくさんいます。

おばあちゃんが落ち葉を売って年収1000万

例えば、**「落ち葉」**。一見価値がないものの代表ですよね。でも、有名な話なので知っている方も多いかもしれませんが、この落ち葉を売るビジネスで大成功を収めている会社があるのです。**徳島県上勝町の「いろどり」**です。

上勝町は高齢者比率が約5割の過疎化と高齢化が進む町。お年寄りが活躍できるビジネスがないかと模索し、裏山にいくらでもある落ち葉を売ることを思い付きました。**名付けて「葉っぱビジネス」。売り先は高級料亭**です。

料亭では日本料理を美しく彩る季節の葉や花、山菜などの「つまもの」を必要としています。それに対し、町では各家庭をブロードバンドネットワークでつなぎ、お年寄りは需要が高い葉っぱなどの市場情報を収集しています。自らマーケティングを行って、儲かりそうな葉っぱを拾ってきては全国に出荷しているのです。会社の年商は2億6000万円。年収1000万円を稼ぐおばあちゃんもいるそうです。

普通落ち葉なんて、道端にあれば掃くか、捨てるか、放っておくだけのもの。山の落ち葉ならなおさらです。でも、売り先を見つけてあげればとたんに価値が出て、ビジネス化できます。

おばあちゃんにしてみれば、葉っぱを捨てる、放っておくなんてとんでもない。**きっと葉っぱ1枚1枚がお札に見えている**のではないでしょうか。

同じように自然のもので、一見何の価値がないものを売る例はまだあります。商品は「土」です。土なんてそこら中にあるものが売れるわけないと思うでしょう。でも世の中には特別な土もあります。例えば**阪神甲子園球場の土**。高校球児の憧れであり、高校野球ファンにとっても垂涎《すいぜん》の土ですよね。

実は、**甲子園のグラウンドを管理している阪神園芸**という会社が、球場と同じ配合の土を**「阪神園芸グラウンドキーパーの土」**として売り出したところ、個人からの注文や問い合わせが殺到。たかが土なのにもかかわらず、一躍人気商品となってしまったのです。本来は学校や公営の球場施設向けに販売する予定だったため、野球ファンが記念品やお土産に買うことは全くの想定外。阪神園芸では対応しきれないと判断し、その後グラウンド整備用に限定して販売を続けています。**土だって価値を再発掘し、売り先を変えれば、爆発的に売れるようになる**ことを、この例は物語っていますよね。

あるいは**「流木」**。観賞したり、水槽に入れたり、オブジェスタンドやオブジェランプに活用したり、はたまたドアの取っ手に使ったりするなど様々なニーズがあり、隠れたヒット商品です。流木は河川で拾ってくるものなので、原価ゼロ。それがある程度手を加えるだけで数万円の商品に化けるわけですから、上手くやれば儲かること請け合いのビジネスです。

木で言えばプロ野球グッズで**NPB（日本野球機構）公認の「かっとばし!!」**。試合中や練習中に折れたバットやバットを作るときに出た端材を利用して箸を作って販売しています。バットでの大きな当たりをイメージさせる〝かっとばす〟と、バットを〝カット〟して作った〝箸〟という2つの意味をかけあわせたネーミングセンスも光る商品です。本来は捨てられていたものを加工して、1組2000円程度で販売しているのだから上手な商売です（売上げの一部を寄付）。プロの選手が使っているバットを原料にした箸ということでファンのニーズも当然高く、売れ行きは好調のようです。

重力ペンキを塗ればゴミだって売れる！

こういった例は日本だけかと思いきや、アメリカにも成功例があります。なんと**ニューヨークの路上で拾ったゴミをパッケージに詰めて販売するプロジェクト「NYC Garbage」**です。アーティストのJustin Gignac氏が同僚たちにパッケージデザインの重要性をバカにされたのをきっかけに、いいパッケージの力を証明しようとあえてゴミを詰めて作品化して販売したところ、これが世界的な大人気に。**公式サイトから購入することができ、50ドル、100ドルといった結構な高値で販売**されています。

「オバマ大統領就任記念イベントのゴミ」、「大晦日のタイムズスクエア前のゴミ」、「ニューヨークヤンキース優勝パレードのゴミ」などは特に高値で取引されているそうです。確かに**オバマ大統領の支持者だったり、ヤンキースのファンだったりすれば、そのゴミも宝物に見えます**。キレイなアート作品としてパッケージ化されていれば、欲しくなっても不思議ではありません。**重力ペンキを塗って、価値を再発掘して、欲しい人に売る。これは万国共通で有効な手法です**。

また、日本人にとっては何でもないものでも、外国人にはなぜかニーズがあるといったケースも意外と多いです。例えば「水引《みずひき》」。冠婚葬祭のときに祝儀袋や不祝儀袋など進物用の包みを結びとめる飾り紐で、祝儀袋用では、鶴だったり、花だったりがデザインされたキレイなものもありますよね。この水引は本来使ったら用済みとなりますが、外国人にとってはこれがアート作品としてコレクションの対象になるようで、結構な高値で売買されているケースもあると聞きます。

そういう意味では日本の旅行情報や生活・文化情報を集約した、**訪日旅行者向けの日本情報**

ポータルサイト「ジャパンガイド」も同じ類のものでしょう。旅行情報では、新宿御苑や浜離宮などを特集。日本人にとってはあまり興味を引かないようなスポット情報もここでは魅力たっぷりに写真付きで詳しく紹介されています。その他に、アパートとはどんなもので、借りるとどれくらいのコストがかかるか、東京で生活するにはどれくらいのお金が必要かなど、**日本人には無益だけど、外国人には有益な情報が満載**されています。ここでも、重力ペンキの発想がいかんなく発揮されていると言えるでしょう。

京都の有名な西陣織の老舗「細尾」の挑戦も注目に値します。国内では着物人口が減少の一途で、帯や着物を売っているだけでは先行きは危うい。そこで西陣織に興味を持つ、海外に視野を広げています。

もちろん、帯や着物をそのまま売り込むのではなく、何と**世界中のラグジュアリーブランドやホテルのソファや壁紙に、西陣織を使うインテリアテキスタイルプロジェクトを展開**しているのです。西陣織を海外向けのインテリア需要に使うというアプローチは、まさに価値を再発掘する重力ペンキの発想に他なりません。先細りが心配される伝統工芸も、重力ペンキを塗れば見事な復活を遂げるのです。

ホッケや牛タンも重力ペンキの産物

医薬品で言えば、女性にはお馴染みの**「ハイチオールC」（エスエス製薬）**。実はこの薬、1970年代の発売された当初は二日酔いに効く薬として登場。言ってみれば、男性向けの薬だったわけです。

しかし、その後、肌のメラニンを無色化したり、肌の新陳代謝を助けたりする効果もあることが注目され、全面的に改良。錠剤を小粒化して、「しみ・そばかす」に効くと訴求ポイントも変更しています。つまり女性向けの薬に大転換が図られたのです。これが功を奏し、美白ブームも追い風となって大ヒット。他社も便乗して類似品が続々と登場しています。

焼き魚の「ホッケ」も重力ペンキが塗られることで見出された食材。**元祖は居酒屋チェーンの「つぼ八」**です。ホッケはそれまで脂っぽくて気持ち悪いとされ、商品としての価値が低い魚でした。

それを、つぼ八のオーナーである石井社長が二束三文で買ってきて、試しに店のメニューとして出したわけです。すると、肉厚で身がしっかりしていてなかなか上手いと評判になり、ホッケ人気とともにつぼ八も一気に有名になったというわけです。今ではどの居酒屋でもホッケは定番メニュー。家庭の食卓に上ることも珍しくありません。**重力ペンキは食文化をも変える力を持っているのです。**

「牛タン」にも同じようなストーリーがあります。牛タンと言えば仙台が有名ですよね。ただし、元々の風土料理ではなく、戦後にGHQが進駐したことが発端。駐留米軍は大量に牛肉を消費しますが、タンとテールは食べないため、日々大量のゴミとして捨てられていました。それをどうにか活用できないかと焼き鳥屋の店主が考え、牛タン焼き専門店を開業したことが始まりです。牛タン焼きもテールスープも大ヒット商品となり、今や押しも押されぬ仙台の名物になっています。

重力ペンキを使う時のポイントは、**まずは正反対の売り先、売り場所で売ってみたらどうかと想定してみること**です。田舎のものであれば、これを都会で売ってみたらどうか。日本向けのものなら海外向けに販売してみたらどうか。逆に、外国人向けに売っているものであれば、日本人向けにアレンジして売ってみたらどうか。男性向けのものなら女性に売ってみたらどうか。ニッチなモノであれば、一般ではなく、世界のどこかにいるマニアックなファンをターゲットにしたらどうか。**正反対の売り先を思い浮かべることで、その商品なりサービスなりの隠れた価値を再発掘することができ、ヒットの源泉を見出せる**ようになります。

あとは**原価ゼロ円もしくは二束三文で手に入るもの、いってみれば、見向きもされないもの、捨てられているもの、自然のものに目を付けることも重要なポイント**です。自分の目利き次第で、タダ同然で手に入れたものに価値が生まれる。そのことも重力ペンキの醍醐味なのです。

POINT

- 無価値もしくは低迷していた商品も重力ペンキを塗ればたちまち売れる！
- 今とは正反対の売り先や売る場所を想定し、売るための方策を考える。
- 捨てられているもの、自然のものなどをタダで仕入れて、高値でうまく販売する！

アイデア 14

お客さんが自由に選べる仕組みを作れば、ほったらかしでも勝手に売れていく！

ヒントをくれたひみつ道具

いいとこ選択しボード

P（パワー、体力指数）、L（ルックス、カッコよさ指数）、IQ（知能指数）の3つのレバーがあり、操作してそれぞれの能力を高められる。ただ、3つを同時に高めることはできず、いずれかの指数を上げれば、その分いずれかの指数が下がる。(40巻)

こんな悩みや課題を解決してくれる！

- 手をかけなくても勝手に売れていくような仕組みはないものだろうか
- 営業マンの人数が少なすぎ！
- もう、飛び込み営業なんてまっぴらごめんだ！

営業職の方なら、その苦労が身に染みてわかると思いますが、商品やサービスを売り込むのは大変です。まずは相手のニーズや好みを把握して、それに見合ったものを提案して、予算を交渉。でも取引先の上司から横やりが入ってまたイチからやり直しになって、再提案してまた予算を交渉して……。これっていつになったら決まるんだよ、今月のノルマが達成できないよ……なんて思うこともあるでしょう。何かいい方法はないものでしょうか。

そんなとき便利なひみつ道具が**「いいとこ選択しボード」**。僕もこれにいつも助けられています。

要するに、**自分が選んで提案するのではなく、最初から売り先の相手に選んでもらう**わけです。そうすれば、**相手に合わせてこちらで選んで用意する手間が省けて、大幅にスピードアップが図れます**よね。いいところまで来ているのに相手の上司が出てきてどんでん返しなんて心配もなくなります。

いいとこ選択しボードではパワー、ルックス、知能指数の3つのレバーがあって、使う人が自由にそれぞれの能力を高められます。ただし、いずれかの能力を上げれば、いずれかの能力が下がるようになっています。これってまるで、全体の予算が決まっているから、それに合わせて様々な部分を調整するのと同じですよね。いいとこ選択しボードは、色々な意味で本当に便利な道具。ビジネスでも幅広く応用できるんです！

売るための作業を全部相手に丸投げ

いいとこ選択しボードの発想を上手く取り入れているのが、**BTOパソコンの草分けである「デル」**です。あるいは日本でBTOパソコン分野に参入し成功している**「マウスコンピューター」**。BTOとはパーツの組み合わせを指定してオリジナルパソコンを注文できるサービスです。自分の好みのスペックでオーダーできるので、余分な機能が入ってなく、納得感のあるパソコンを購入することができます。従来のパッケージ型商品だと、余計なものが付いてくることがありますよね。僕の友人なんか、ある日本製のデスクトップパソコンを量販店で買ったら、nanoe発生器が搭載されていてビックリしたと言います。駆動音が気になるので今では使っていないとか。BTOパソコンであればこんなことは一切なくなります。

「楽天トラベル」もいいとこ選択しボードのよいお手本。交通機関も宿泊施設も自由に選べます。旅行代理店が用意するパックツアーだと、問題なのが当日までどのホテルに泊まるかわからないこと。「これらのホテルのうちのいずれかに宿泊」といくつか例を挙げていますが、曖昧さがあり、これって旅行者にとっては結構なストレスなんですよね。だから僕はいつも楽天トラベルで、泊まりたいホテル、使いたい交通手段を指定して、旅行も出張も出かけます。予約サイトのインターフェースが優れているので、ストレスフリーで選べ、簡単に自分好みの組み立てができることも利用している理由です。

アイデア4の**「めんくいカメラ」**でも紹介した格安航空のLCC（52ページ参照）も、いいとこ選択しボード発想のサービスという側面があります。預ける手荷物の重さ、機内食、飲み物、事前座席指定などはすべて利用客が選ぶことになっているからです。何でも自分で選びたいという人にとっては、まさにうってつけのサービスですね。

もはや完全に消費者の購買窓口の1つとして定着した**通販サイト「Amazon．co．jp」**もいいとこ選択しボードの好例です。ユーザーの閲覧・購入履歴を自動的に蓄積し、好みを分析して商品を提示するレコメンド機能が非常に充実。ユーザーは知らず知らずのうちに自分好みの商品を提示されるため、思わずポチッと押してしまいます。さらに決済までユーザーがやってくれる。まさに**売るための作業を全部消費者に丸投げし、大成功している**わけです。

商店街や温泉街の活性化にも使える！

飲食店業界でもいいとこ選択しボードを導入しているところは意外に多いですね。**全国**

チェーンの「はなまるうどん」は天ぷらなどのトッピングを、利用者がセルフで選べるようにして最後に会計するというシステム。讃岐うどん系の店はほとんどがこのスタイルですよね。目の前のトッピングから自分で選んで取れるという楽しみも同時に提供しているわけです。

そして、忘れてはならないのが**カレーチェーンの「CoCo壱番屋」（ココイチ）**。僕は大好きで週に何回も行ってしまうこともあるのですが、肉類や魚介類、野菜類、チーズや玉子などのトッピングが非常に充実していて、あれもこれもとつい欲張って頼んでしまいます。

トッピングメニューをズラリと並べる見せ方は上手いですよね。頼みたくなる状況を巧みに作っている。それで結局いつも1200円とか1300円になってしまう。これでは銀座の高級カレーと値段が変わりません（笑）。僕はまんまとココイチの戦略に引っかかっているわけですね。

僕も利用しているばかりではなく、実際にいいとこ選択しボードの考え方をビジネスに応用することはもちろん多いです。よく使うのが**商店街や温泉街の活性化**を依頼されたとき。商店街や温泉街のポータルサイトを作って、グルメマップや宿泊マップを載せます。そこで事前に飲食店や宿泊施設の予約ができるようにして旅行プランを予め組み立ててもらうわけです。さらに、事前にカード決済してくれれば割引することを提案する。すると、ほとんどのユーザーが事前決済してくれます。

こうすれば取りっぱぐれがなくなるので、飲食店や宿泊施設にとってもメリットがありますよね。**いいとこ選択しボードを活用すれば、商店街活性化、町おこしなども結構上手くいくんです。**

いいとこ選択しボードで面倒な作業をすべてチャラに

いいとこ選択しボードはこうして見てみると、プラスの面が非常に多いですね。

今まで選べなかったところに、チョイスする仕組みを入れてあげると、**相手は選ぶことを楽しく感じてくれて、また自らが選んだこともあり、購入のときの納得感が大きくなります。**つまり、売り込まれて買ったのではなく、自分で選んで買った。だから購入後に文句を言われたり、返品されたりということが少なくなるのです。

また、消費者やユーザーの好みで選んでもらうと、最終的にはパッケージ商品よりも高額になりがち。**好きに選べるとなると自制が効かなくなり、あれこれとオプションを追加してしまうのが人の常です。**これも提供する側にとっては、いいとこ選択しボードのメリットです。

売る側の手間が大幅に省けることも大きな利点ですね。だって、顧客のニーズにマッチさせるために色々と商品ラインナップを考えたり、組み合わせて提案したりすることは、無茶苦茶大変じゃないですか。

本格的にニーズを探ろうとすれば、マーケティングリサーチコストもかかるし、あるいは取引先に足繁く通って、何度もおうかがいを立てないといけない。その上で微妙なニーズの違いに対応するために、いくつものメニューを考える必要も出てきます。

ところが、相手に選んでもらうことができれば、その**一切合財の面倒な作業をすべてチャラにできる**わけです。微妙なニーズの差異にしても、相手が自分で考えて設定してくれるのでこれほどラクなことはありません。

ただし、相手に「選ぶのが面倒臭そう……」と思わせてしまっては、事は上手く運びません。**シンプルさや、面白さといった要素**は必要です。

そしてこの際も、いいとこ選択しボードが参考になります。つまり、**一覧性を持たせたり、何かの機能を上げたら、何かが自動的に下がるような仕組みを取り入れたりするなど、その優れたインターフェースをヒントに、よりユーザーが使いやすいシステムにする**ことが重要です。

一般消費者向けのBtoCだけでなく、対企業のBtoBでももちろんいいとこ選択しボードを活用することは有効。例えば自社が展開する商品やサービスを、パーツや機能に分けて、取引先が選べるようにすれば、新たな需要や顧客を取り込める可能性が高くなりますよ。営業ツールとして使ってみたり、Ｗｅｂサイトで提供してみたりするなど、やり方もいろいろと考えられそうですね。

POINT

- 自分が選んで提案するのではなく、相手に選んでもらう仕組みを作る。
- 相手が選んでくれるので、売る側の手間が大幅に省ける。
- 実は人は誰しも自ら選びたいと思っている。
- 選ぶ楽しさと選んだあとの納得感を与えられるので、返品やクレームが少なくなる。
- 自分で選ぶと高額になりがち。これも提供側にとっての利点。
- シンプルさ、面白さ、一覧性などを追求し、選びやすくする。

アイデア15

利用料先取りサービスで、リピートと芋づる式の顧客獲得を実現する！

ヒントをくれたひみつ道具

アルバイト料先払い円ピツ

鉛筆型の道具で、紙に金額を書いて小切手のように現金として使うことができる。ただし、使った店で金額分のアルバイトをしなければならない。バイト代を先にもらえる道具である。（25巻）

こんな悩みや課題を解決してくれる！

- 1回で終わりではなく、リピートされるような売り方をしたい
- 本人の周りにいる友人・知人も芋づる式に顧客化し、売上げを一気に伸ばしたい
- 早め、早めでキャッシュフローを確保したい

会社にとって、経営者や営業マンにとって、喉から手が出るほど欲しいものの1つがリピート客。売上げと利益が安定しますから、会社にとってこれほど有難いことはありません。さらには、顧客本人だけでなく、その友人・知人も芋づる式に顧客化したいというのが正直なとこ

ろです。

また、逆に何としても防ぎたいことが、利用料や商品代金の取りっぱぐれ。売掛金がたまってしまうことはよくありますが、取引先がつぶれてしまったら一大事です。それに加えて、手元にキャッシュがなくなることも避けたい問題です。

僕の会社でも、取引先でも事情は同じ。こうした**諸々の課題をいっぺんに解決するために、僕がいつも思い浮かべる道具があります。それが、「アルバイト料先払い円ピッ」**。その名の通り、働く前にバイト代をもらえる有難い道具です。要はそのコンセプトを応用して、**何でも先払いでもらえるような仕組みを考えて、取り入れよう**というのが、僕の言いたいことなのです。

そうすれば取りっぱぐれもなくなりますし、手元資金が枯渇するなんて事態を避けることにもつながります。売上げも利益も商品やサービスを売る前に確定できるわけですから、商売人にとってこれほど有難いことはありません。予算も立てやすくなり、安心して商売に打ち込むことができるようになります。

では、アルバイト料先払い円ピッの発想があれば、なぜリピートが発生し、顧客が友人・知人を連れてきてくれるのか。具体的な事例をもとに説明しましょう。

年間パスポートはバックエンドで儲ける

よく見渡すと、世の中はアルバイト料先払い円ピッのモデルとなる事例が溢れています。例えば**インターネットカフェ**。3時間パック、6時間パックなどを前払い制で提供しています。**カラオケボックス**でも前払い制を導入している店があります。**ラーメン屋**や**立ち食いソバ屋**でも最初に自動発券機でチケットを買わせ、先払いさせている店が多いですよね。食後に勘定をする手間と人員を削減していることに加えて、取りっぱぐれを防いでいるということも大きなメリットです。

わかりやすい例では、**プロ野球やJリーグの年間シート**、**東京ディズニーランドの年間パスポート**も先払いモデルの典型です。最近では**水族館の年間パスポート**も人気。絶妙な値段設定で、例えば東京・池袋のサンシャイン水族館の年間パスポートは大人4000円。1回の入場料が1800円なので、3回来場すれば元が取れる計算です。年間パスポートを購入してもらえれば、**先払いしていることが来場の動機となり、自動的にリピーターになってもらえます**。

確かに3回以上来場された場合、入場料だけみれば施設側は損となりますね。でも、**実は儲けの構造はバックエンド**にあります。つまり、ギフトショップで販売している様々なグッズを買ってもらったり、施設に付随するレストランやカフェを利用してもらったりすることで、**入場料の損を補って余りある利益を得ることができる**のです。さらにサンシャイン水族館が上手いのは、同伴者4人までの入場料金を2割引していること。**パスポートを持っている本人が友人を誘う口実を提供している**のです。

水族館に来てもらえれば、友人もバックエンドでお金を落としてくれるし、年間パスポートだって購入してくれるかもしれない。先払いモデルにすれば、こうして**芋づる式に顧客を増やし、利益を拡大することもできる**わけです。水族館や動物園はこのうま味を知っているので、今では様々な施設が年間パスポートを導入しています。

先払いで顧客を確保し資金繰りもラクに

デパートの商品券積立サービスも、よくできたアルバイト料先払い円ピツ型モデルです。通称「デパート友の会」。毎月一定額を積み立てていくと、1年後の満期に1カ月分の金額を上乗せされた商品券が受け取れる制度です。簡単に言えば毎月1万円を積み立てていき、年間で12万円積み立てると、13万円の商品券がもらえます。その場合、利回りは8・3％となり、銀行の利息のように20％の税金を引かれない非課税扱いなので、これはお得と利用している人も多いのです。

でも裏を返せば、デパート側は解約者が出ないと仮定すれば、12万円を先払いしてもらっていると見ることができます。商品券はそのデパートでしか使うことができないため、必然的に自社のリピーターにもなる。さらに商品券があるのを忘れて使わないというケースも考えられます。デパートにとっては、たとえ約8％引きで商品を売ることになっても、非常に大きなメリットのある制度なのです。

航空会社でも、**全日空が1年間乗り放題の年間パスポート「ANAプレミアムパス」**を300万円で販売する先払いモデルを導入しました。ただし、乗り放題をいいことに1日中できるだけ多くの便に乗り続け、マイルを貯めようとする男性客が現れるという珍現象が発生し、話題になりました。17時間乗り続け、1日で1万マイル獲得した日もあったそうです。1万マイルは基本的に1万円の電子マネーに交換できるため、修行僧のように続ければ300万円の元は取れてしまう計算になります。全日空はマイル没収と搭乗拒否を言い渡したため、男性客は全日空を訴え、法廷闘争にまで発展してしまったと聞きます（ANAプレミアムパスは2012年10月に販売終了）。

旅行業界では、**HISが先払いモデルで飛躍的な成長**を遂げましたよね。それまでの旅行代理店は、旅行者からのツアー料金は後払いが基本でした。だから、複数の旅行会社のプランを予約だけして、最終的に申し込むツアー以外はキャンセルという使い方をする旅行者も少なくなかったのです。顧客本位のサービスと言えば聞こえはいいですが、その分旅行会社は売上げや利益の見込みが立てにくいというリスクを抱えていました。

そこに後発のHISが、先に払ってもらう代わりに料金を大幅に値引くという先払い制度を導入。HISは先払いによって顧客を確保でき、資金繰りも楽になるという一石二鳥の恩恵を受けています。今では先払いは業界の常識。HISは旅行業界の古くからの慣習を壊し、新しい常識を生みだしたのです。

BtoBにも回数券や年間パスポートを導入せよ！

喫茶店やマッサージ店でよく見る先払いモデルが、回数券販売ですね。喫茶店では有効期限付きのコーヒーチケットを販売していることが多いようです。有効期限を設けることは喫茶店にとって利点があって、実は期限内に使い切れないケースが意外と多いので、最初に割引価格で提供しても結果的に店側が儲かることもあります。一方で、販売時に電話番号などを聞いているのであれば、**期限切れを伝えることを口実に電話をすること**もできます。そこで顧客とコミュニケーションを図ることができ、例えば有効期限を1カ月延ばしてあげるなどのサービスをすれば、顧客は感謝して店のファンになってくれます。顧客との強い関係作りに先払いモデルが一役買うわけです。

マッサージ店でも上手く回数券制度を活用しています。例えば最初にカウンセリングをして、結果に基づき年間プランを作ります。そこで回数券だと割引があってお得だと伝えれば、客の多くが回数券を購入する。先払いしてくれた上に、リピーターになってくれるわけです。

回数券制度をBtoBで導入する会社もあります。**プレスリリース配信サービスを手掛ける「アットプレス」**です。初回限定の3回配信チケットが、掲載調査も込みで34％OFFの9万3000円。アットプレスはこの先払いシステムによって大きく売上げと利益を伸ばしているようです。

BtoB向けの商品やサービスを展開している企業の営業マンは、大いに参考になりますよね。例えば、**自分たちの商品やサービスを回数券化して販売したり、使い放題の年間パスポートを売ってみたりと、いくらでも売り方を工夫できます。**先に売上げと利益を確保できるので、年間の売上げ見込みなども立てやすくなりますよね。ヒントは「アルバイト料先払い円ピッ」。このひみつ道具の発想を取り入れれば、営業のイノベーションも簡単に起こすことができるのです。

POINT

- リピート客の確保、新規顧客の開拓が可能になる。
- キャッシュフローの安定化、取りっぱぐれの防止なども利点。
- テーマパークの年間パスポートなど、先払いモデルは世の中に溢れている。
- BtoCだけでなく、BtoBでも応用可能。
- BtoBのサービスに回数券や年間パスポートの発想を取り入れよう！

アイデア 16

顧客を階層に分ければ、ずっと売り続けることができる！

ヒントをくれたひみつ道具

階級ワッペン

旧日本陸軍の階級をモデルに作った、遊びに使うワッペン。二等兵、一等兵、上等兵、兵長、伍長、軍曹、曹長、準士官、少尉、中尉、大尉、少佐、中佐、大佐、少将、中将、大将の17種類のワッペンがある。ワッペンを付けられたものは上級者の命令に逆らえない。（15巻）

こんな悩みや課題を解決してくれる！

- 顧客と長い付き合いを続けたいと思っている
- 顧客を他社に横取りされたくない！
- 既存商品やサービスの価値が高く見えるようにしたい

営業マンにとって、取引先をつなぎ止めておくことは新規顧客を開拓するのと同等かそれ以上に大切なことですよね。でも、他社の営業マンが新規開拓するときに真っ先に狙うのが同業の取引先。つまりアナタの顧客です。**何とか死守しなければ会社にもアナタにも明日はない。**

また、ずっと付き合いが続いている取引先からも、**今以上の売上げと利益を得たい**というのが正直なところです。

それらを実現しようとするときに僕がヒントにしているのが、**ドラえもんのひみつ道具の1つである「階級ワッペン」**。単純な話なのですが、**顧客に階層（階級）を作ってしまおう**ということです。

例えばエントリーモデル、ミドルモデル、ハイモデル。最初は安いエントリーモデルの顧客になってもらい、顧客の成長に合わせてより高価格帯のミドルモデル→ハイモデルと購入する商品やサービスのレベルを上げてもらいます。こうすれば**顧客を囲い込むことができるし、売上げと利益を継続的に稼いでいくと同時に、拡大していくこともできます。階層を作ることは、企業にとって大きなメリットをもたらしてくれるのです。**

成功している会社の多くがこの階級ワッペン型の売り方を導入しています。それぞれの階層に合わせて商品を開発する必要があるので、商品企画とも密接に絡む話なのですが、一度上手く仕組みを作ってしまえば、売る側としては非常に有利になることは間違いありません。

ファッション業界は階級ワッペンだらけ

身近なわかりやすい例で言えば、**「ユニクロ」**ですよね。最初はユニクロだけを展開していましたが、その後に**「GU」**ブランドを立ち上げて、ユニクロよりも安い下の階層を作りました。さらに世界的なファッションデザイナーのジル・サンダーと組み、ユニクロの上の階層の高価格帯ブランド**「+J」**を作り、見事な三段階のピラミッド階層を構築したわけです。

最初はお金がないからGUを買って、ちょっと余裕ができたらユニクロに移行し、もっと収入が増えたら+Jに上がる。でもまた減ったらユニクロに戻る。**顧客が自分の事情に合わせて、エレベーターのように上がったり下がったりしてくれる**わけです。

売る方としては、他社に付け入るすきを与えずに顧客をガッチリと囲い込むことができるのでラクですよね。+Jはその後終了してしまいましたが、今後も何かしらの高価格帯ブランドを立ち上げて、階級ワッペンの構造を作ることを目指すと思われます。

また、面白いことに、ユニクロと言えば昔は安売りブランドの代名詞のような扱いでしたが、GUがその下に入ることで、ブランド価値が押し上げられています。実際に安いことに変わりはないのですが、**価値だけが上の階層に上がり、競争力が自然と強くなっている。**これも階層を作る大きなメリットです。

ファッション業界では階級ワッペン的な取り組みはトレンドですね。**「GAP」**も下の階層に**「オールドネイビー」**というロープライスブランドを作り、上の階層は**「バナナ・リパブリック」**で押さえて三段階の階層を形成しています。

ファストファッションだけでなく、高級ブランドでも事情は同じ。**「ジョルジオ・アルマーニ」**もセカンドラインに**「エンポリオ・アルマーニ」**、カジュアルラインに**「アルマーニ・ジーンズ」**を設けています。

さらに低価格ラインの**「アルマーニ・エクスチェンジ」**と階層化して、あらゆる所得層に対応できるようにしています。

時計ブランドのザ・スウォッチ・グループにしても、ベーシックレンジで**「スウォッチ」**、ミドルレンジで**「カルバン・クライン」**など、ハイレンジで**「ロンジン」**など、プレステージ・ラグジュアリレンジで**「オメガ」**、さらに上に**「ブランパン」**などをラインナップし、主に五段階に階層を分けて顧客を囲い込んでいます。

「松」を作れば「竹」が売れるようになる！

クレジットカードではどこも階級ワッペンの発想を取り入れていますが、特に上手くやっているのが**「アメックス」**です。まずは**ベーシックなアメックスのカード**（年会費1万2600円）。その上が**ゴールド・カード**（同2万7300円）。さらにその上が**プラチナ・カード**（同13万6500円）。そこまでかと思ったら、またその上に最上級のカードがあり、センチュリオン・カードと言います。通称**ブラックカード**。年会費はなんと36万7500円。まさに高嶺の花です。

サービス内容は会員以外には正式に公開されないため、謎のベールに包まれていますが、一体どれほどのラグジュアリーなサービスが受けられるのでしょうか。なお、他のクレジットカード会社もアメックスの真似をして、同じように階層を作ることに力を入れています。

デパートでも階層を作っています。まずは**普通のお客さん**、その上が**友の会のお客さん**、そして最上層は**外商**です。富裕層はわざわざデパートに行く必要はなく、担当者が自宅を訪問して御用聞きをしてくれるわけですね。

航空会社も言うまでもないですが、**エコノミークラス、ビジネスクラス、ファースト（プレ**

ミアム）クラスと階層分けしています。

最近、東北新幹線が**普通車、グリーン車の上にグランクラス**を設定して、三段階の階層を作ったところ、一時期は予約が取れないほどの人気ぶりとなりました。

日本料理では寿司屋や料亭が**「松竹梅」**の三段階のグレードに分けて提供しています。これも古くからの階級ワッペンモデル。これを真似て定食屋やレストランなどが、1000円と2000円のランチメニューしかなかったところに、あえて3000円の最高級メニューを追加するケースも見られます。

というのも、実は3000円のコースを作ることで、その1つ下の階層の2000円のコースに値ごろ感が出て、注文が増えるのです。つまり**「松」を作れば「竹」が売れる**。松竹梅モデルのわかりやすい効果であり、これだけで売上げも利益も上げることができます。

お肉だってそうでしょう。**輸入肉、国産牛、和牛**の松竹梅モデルです。違いは輸入肉は名前の通り外国産で輸入された牛肉、国産牛は日本で飼育された期間が外国で育てられた期間より長い牛肉、和牛は黒毛和種、褐毛和種やそれらの交雑種の牛肉。これも、完全な階級ワッペンモデルです。

階層がある商品・サービスは選ばれやすい

階級ワッペンモデルにすることのメリットは、繰り返しお伝えしたように「囲い込めること」ですが、それができる背景には**「階層があることを喜ぶ」という人間心理**もあります。多くの人は秩序のある階層に属していたいという潜在的な欲求を持ち、より上のステージを目指したいという向上心もある程度は持ち合わせているのです。

クレジットカードで言えば、今は普通のカードだけど、ゆくゆくはゴールド、プラチナを持てるようになりたいと思えるステータス感が、人間にとっては実に心地いい。また、実際にゴールドやプラチナ、あるいはブラックを持ったときには、選ばれた喜びを味わうこともできる。**多くの人間はこのステータスの魔力に取りつかれてしまい、階級ワッペンモデルを取り入れた商品やサービスを選んでしまう傾向**があるのです。

だから僕は商品やサービスを売るときは、**いつも松竹梅の3つの階層を作ることを意識**しています。五段階、六段階と階層を増やしてももちろんいいんですが、違いを考えたり、実際に作ったりすることはちょっと大変でしょう。だから、松竹梅くらいがちょうどいい。日本人も昔からこの三段階の分け方に慣れているから、取っつきやすいんです。

階級ワッペンモデルは、ＢtoＣはもちろんのこと、ＢtoＢ向けの商品やサービスでも非常に使える道具だと思いますよ。

POINT

- 顧客を階層に分ければ、囲い込むことができ、売上げと利益も向上！
- 既存の商品やサービスのブランド価値も勝手に上がる。
- 商品やサービスに階層があった方が人は心地いいと感じる。
- 階級ワッペンモデルを導入している商品・サービスは選ばれやすい。
- 松竹梅モデルはＢtoＣはもちろん、ＢtoＢでも非常に使えるツール。

アイデア17

1粒で何度も美味しい売り方で、売上げ、利益は際限なく拡大できる！

ヒントをくれたひみつ道具

キャラクター商品注文機

キャラクター商品の製造マシン。機械のレンズに漫画やアニメのキャラクターや実物の人間などを写し、「ノート」、「Tシャツ」、「ゲーム」などのボタンを押すと、それに応じたキャラクター商品が出てくる。（28巻）

こんな悩みや課題を解決してくれる！

- 売れ筋の商品やサービスの売上げ拡大を図りたい
- 1つのフォーマットから派生商品をたくさん作って大儲けしたい
- 個人向けの商品の販路を広げるように上司から指示されている

商売人はモノを売ってナンボ。売りまくってヒット商品を1つでも生み出すことができれば御の字でしょう。ただ、多くの人がそこで成功体験に浸って、満足してしまいます。

しかし、それでは本当の成長はありません。**ビジネスは売れてからがスタートであり、勝負**

です。できる営業マンや経営者はそれをよく心得ているので、売れるものが見つかれば一気にアクセルをふかします。

僕も商品やサービスがヒットしたら、そこから一気に押して、押して、押しまくります。具体的にどうするかと言うと、まず例によってドラえもんのひみつ道具を頭に思い浮かべます。道具の名前は**「キャラクター商品注文機」**。すなわち、**売れた商品やサービスをひな形として、手を変え品を変え、多角的に展開することによって、売上げを爆発的に拡大させていく**のです。僕はこれを**「ワンソースマルチユース」**と呼んでいます。

昔からあるキャッチフレーズを真似て言えば、**「1粒で何度も美味しい」**となります。キャラクター商品注文機の発想でありとあらゆる使い道を考えて、根こそぎ儲けてしまおうというわけです！

商品・サービスの形と売り込み先をマルチ化

キャラクター商品注文機の発想をよく使っているジャンルが**コンテンツビジネス**です。例えば映画では、映画館で上映し、その後ＤＶＤ販売やレンタル、あるいはパソコンやスマホの有料放送サービスに展開します。またキャラクターをライセンス販売して、グッズ販売などにも多角化して広げていきます。まさに1粒で何度も美味しいを当たり前のように実践しているわけです。

漫画でも、**「ワンピース」**はテレビアニメ化、映画化され、グッズ販売も非常に多岐にわたっていますよね。**「ハローキティ」**だってワンソースマルチユースの典型例。キャラクター商品を多面的に展開するとともに、屋内型テーマパーク「サンリオピューロランド」の顔として、日々活躍しています。近年では物販からライセンス事業に軸足を移し、ライセンスビジネスをグローバル展開。世界のファストファッションブランドやアクセサリーブランドから限定商品が販売されるなど、世界的に「キティ旋風」を巻き起こしています。

商品だけでなく店舗も複数化路線で稼ぐ！

飲料としては**「カルピス」**が代表例です。最初は原液で売っていたものを、カルピスウォーター、カルピスソーダにして販売するなど、売り方を複数化していますね。さらに、カルピスは一気呵成《いっきかせい》に他社とのコラボレーション商品を続々と発売しています。

ロッテとの協業による**「カルピスアイス」**。アサヒフードアンドヘルスケアとの提携商品であるシュガーレスミントタブレット**「カルピス×ミンティア」**や、**「カルピスキャンディ」**、**「カルピスグミ」**。それ以外にも、**「カルピス蒸しパン」**や**「カルピスシュークリーム」（山崎製パン）**、**「カルピスガム」（江崎グリコ）**、**「カルピスマシュマロ」（エイワ）**、**「カルピスもち」（日本橋菓房）**など、多種多様に展開されています。また、**「カルピス社員のとっておきレシピ」（カルピス株式会社監修／池田書店）**も企業発のレシピ本として評判になりました。キャラクター商品注文機の考え方を存分に発揮しているわけです。

商品やサービスだけではありません。飲食店やコンビニでもキャラクター商品注文機の発想を使っています。つまり、フランチャイズ展開です。**「ラーメン二郎」**のように、各地でシンプルにフランチャイズ展開するというパターンもあれば、ローソンのように、生鮮食品や日用品を均一価格で提供する**「ローソンストア100」**、女性・ヘルシー志向派をターゲットにした**「ナチュラルローソン」**、地域ごとのニーズに対応した**「ローソンプラス」**など、売るものや売り方を変えてフランチャイズ展開するという方法もあります。いずれにせよ、1つフォーマットを決めてしまえば、あとは瞬く間に展開できることがメリットなのです。

世界で1つしかないものを考える!

キャラクター商品注文機の発想を使う時のポイントは、まず、強烈なもの、強烈なサービス、強烈なコンテンツを作ることに、全精力を傾けることです。僕はよくセミナーなどでも言っていることですが、要するに**「世界で1つしかないものを考えろ」**ということ。**世界でオンリーワンという以上に強烈なものはない**ですからね。

僕の場合、何度も出している例ですが、**「サバイバルせんべい iPhone5専用ケース」**を「世界一割れやすい」というコンセプトで、訴求しました。何でもいいから世界一だったり、世界で1つだったりするものを、まずは懸命に考えるのです。

それができればあとは売り方を複数化するだけです。アレンジの方向性は2つ。**「どう加工するか」**と**「誰に売るか」**ということです。どう加工するかは、映画だったら先ほども言ったようにDVD化したり、パソコンやスマホで視聴できるようにしたりする。

「サバイバルせんべい」のケースで言えば、例えば、**「世界一割れやすい」ということをフォーマット**にして、夫婦喧嘩に最適な「世界一割れやすいお皿」だとか、映画やテレビのスタントマン向けに「世界一割れやすい窓ガラス」などを展開していくなど、いくらでも考えられます

（これらはあくまで例です！）。

「誰に売るか」は基本的に3つしかありません。**個人に売るか、法人に売るか、国・地方公共団体に売るか**です。こうやって加工と売り先を複数化して、時には掛け合わせてどんどん売っていけば、売上げと利益は加速度的に増えていきますよ！

POINT

- **「1粒で何度も美味しい」商法で、売上げが爆発的に拡大！**
- **最初に「世界で1つだけ」、「世界一のもの」を作ることがコツ。**
- **1つ売れるフォーマットができれば、あとは売り方を複数化するだけ。**
- **売り方のアレンジは、「どう加工するか」、「誰に売るか」の2つ。**
- **「加工」×「売り先」で幅広く売って、利益を加速度的に増やす！**

アイデア 18

地域集中で店を出したり、営業したりすれば、トレンド感を出せてライバルも排除できる！

ヒントをくれたひみつ道具

ナワバリエキス

床や地面に1滴ずつたらすと、しずくで囲った部分が自分の縄張りになる。お腹の辺りにエキスを出す装置を付けて、犬がおしっこを引っかけるような格好でしずくをたらす。(24巻)

こんな悩みや課題を解決してくれる！

- 人もお金も十分ではないが、何とか自社の商品やサービスの価値を高めたい
- 自分の店を地域一番店にしたい！
- 競合他社がひしめき合う中で、勝ち残りたい！

あなたが中小企業の営業責任者だったとして、「日本全国どこでもいいから営業をかけて結果を出してくれ」と頼まれたらどうしますか？　あるいは店舗展開の責任者になった場合、ど

うやって立地を決めていきますか？

よくやってしまいがちなのが、有名な都市や町にちょっとずつ手を付けること。東京で出店するとしたら、銀座、新宿、渋谷、池袋に1店舗ずつ……など。また、大都市に大箱の店を出すことも考えがちです。でも、それらはいずれも失敗する可能性があります。もし、周辺にライバル店が出店して客を奪われたら。もし、大箱の店を開いたのに集客が思うようにできず、満席には程遠い状況が続いたら。資金力やマンパワーがあれば巻き返しは可能でしょう。しかし、中小企業にそれを求めるのは無理というものです。

僕が営業責任者だったら、**真っ先にドラえもんのひみつ道具「ナワバリエキス」の考え方を応用**します。つまり、ある地域を決めて、あたかも縄張りをつくるように、そこに集中的に営業をかけたり、出店したりして、同業他社が入って来られないようにするのです。

専門的には**ローカルリーダーシップ**とか**ドミナント戦略**と言いますが、この**ナワバリエキスの発想は、資金もマンパワーも大企業のように十分ではない中小企業にとって、まさに最良の攻め方**なのです。

最近、連日店の前に長蛇の列ができている**「俺のイタリアン」**や**「俺のフレンチ」**は、まさにナワバリエキスを使っている店の典型ですね。新橋や銀座などサラリーマンにとってバリュー感のある街に集中的に出店しています。また、サラリーマンに人気の居酒屋**「魚金」**も新橋に集中的に出店しています。こちらも大繁盛で、予約を取るのも難しい状況です。

全国で流行っていると勝手に勘違い

このように、ナワバリエキスの発想で、ある地域に集中して出店することは、様々なメリットをもたらします。基本的には周辺で撤退する店があったら、すかさずテナントとして借りて、2号店、3号店と増やしていくわけですが、そうやって空いた土地を塞いでいけば、冒頭で書いたように同業他社の侵入を防ぐことができますよね。

さらに、その**地域に系列の店がたくさん出店されていれば、トレンド感を出すことができます**。これだけ店がたくさんあるのだから、きっと全国的に流行っている有名なチェーン店なんだろうと、お客さんの方が勝手に勘違いしてくれるのです。食材の配送もラクですよね。店舗が集中しているから短時間で終わります。各店で食材が切れたときは、互いに融通をきかせることもできます。ある店が混んだらヘルプに行くことも可能です。

そのほかにもメリットはあります。**お客さんが1号店に行って満席だったら2号店へ、そこ**

も満席だったら3号店へと誘導できるため、機会損失を防ぐことも可能なのです。ポイントは、大箱ではなくあくまで**狭い土地に小箱で出店**すること。そうすれば**ちょっとお客さんが入っただけで満員になり、流行っている雰囲気を醸し出すことができます**。賃料も保証金も安いし、万が一立地が悪くて流行らなかったら撤退する決断も容易にできます。ナワバリエキスによって地域集中型で店舗展開することは、中小企業にとってまさにいいこと尽くしなのです。

僕も**足つぼマッサージ屋さん**の店舗展開を手伝ったことがありますが、そのときはナワバリエキスを徹底的に使いましたね。集中出店したエリアは浦和。小さい店を4～5店舗開業して、連日満員の繁盛店を作ることに成功しました。地域にたくさん店があるので、お客さんは「全国的に有名な足つぼマッサージ屋さんが浦和にも進出したのかな」と、いい意味で勘違いしてくれました。

そして、重要なポイントが店に番号を付けること。その足つぼマッサージ屋さんの展開では、**店舗名自体を「26号店」とか「76号店」とかにした**のです。これは出店ごとに順番に付けた店の番号ではなく、あくまでも〝店舗名〟なので嘘ではない（笑）。この店舗名によっても「それだけたくさんの店を全国に出店している」とお客さんが勘違いしてくれて、バリュー感を出すことができたわけです。

恵比寿にあるカジュアルバー「恵比寿17番」やスペインバル「恵比寿18番」も店舗名に番号を付けていますよね。「17店舗目と18店舗目の店なのか」と思いがちですが、実際はそんなに店舗数はなく、単なる店舗名。こちらもバリュー感を出すことに成功している好例でしょう。

ナワバリエキスの発想で営業攻勢をかける!

他にも多くの事例があります。有名なところでは**「スターバックスコーヒー」**。とにかく狭い地域で店舗を立て続けに出して、スケールアップを図っています。新興勢力では**牛丼チェーンの「東京チカラめし」**が、まさにナワバリエキスの考え方と同様に、主要駅ではドミナント戦略で集中的な出店を果たしています。

他にも、**ドラッグストア**もナワバリエキスと同じ発想で出店していますよね。渋谷なんて、マツモトキヨシが見えたと思ったら、その次の一角にもマツモトキヨシがあり、これって完全にナワバリエキスの戦略ですよ。**コンビニ**でもよくセブンイレブンが近所に数店舗あったり、ファミリーマートが同じ通り沿いに近接して出店していたりしますが、これもナワバリエキス的な発想がベースにあると言えます。

自社の商品やサービスを営業するときもナワバリエキスは使えます。普通に考えたら1人を銀座、1人を新宿、1人を渋谷、1人を池袋というように別々に配置して広く浅く営業をかけるのが常道かもしれません。でも、ナワバリエキスを使ってみるとどうなるでしょう。狭く深く、例えば**銀座に4人を配置して徹底的に営業攻勢をかけて契約を獲っていけば、地域でバリュー感が出せるし、他社を排除することもできます。**そうやって狭い地域で成功事例を1つずつ作っていくことによって、営業エリアを徐々に拡大していく。中小企業が持続的に成長するには、この作戦は有効だと思います。

POINT

- **集中的に出店をして縄張りを作れば、同業他社は簡単には参入できない。**
- **縄張りにより地域でバリュー感を出すことができる。**
- **全国的に流行っていると顧客が勝手に勘違いしてくれる。**
- **店であれば、狭い土地に小箱で出店することがポイント。**
- **店舗名を「26号店」、「76号店」という風に番号にすると効果的。**
- **営業も店舗と同様にナワバリエキスの発想で攻める！**

アイデア 19

顧客の位置情報をもとに、タイムリーにほしい商品・サービスを提供する！

ヒントをくれたひみつ道具

トレーサーバッジ

ハートやクローバー、ダイヤ、星など色々な形をした電波を発信するバッジを人に付けてもらうと、レーダー地図の画面にそれぞれのバッジの位置が表示され、誰がどこにいるかわかる。（9巻）

こんな悩みや課題を解決してくれる！

- 顧客がほしいものをタイムリーに提供したい
- 店舗をオープンさせたのはいいが、集客に苦戦している
- 雨の日など来店客が減るときに何か対策を立てたい

僕が昔から好きだったドラえもんのひみつ道具の1つが、**「トレーサーバッジ」**です。形の異なるバッジがいくつかあって、それを人に付けてもらえれば、誰がどこにいるかが瞬時にわ

かるという優れた道具。物心がついてからは、もし**これが実現できれば何か面白い商売ができるんじゃないか**と、色々と思い巡らしていました。

例えば、その人の好みがわかっていれば、それに合った商品やサービスを提供する店をタイムリーに紹介したり、あるいは、雨が降ってきたら近くの傘屋さんを紹介したり……。子どもだったので単純な発想ではあったけれど、現実のものとなる日を待ちわびていたものです。

それが今や本当に現実化しました。**可能にしたのはGPSの技術とスマートフォンの普及**。まさにスマホがトレーサーバッジの「バッジ」と同じ役目を果たしてくれるため、持ち主の位置情報に応じたサービスを抜け目なく提供できる世界が実現しているのです。

位置情報サービスは、今急速に普及しています。ドラえもんのひみつ道具の中には現代になって実現しているものがいくつかありますが、トレーサーバッジはその代表的な道具。これをビジネスに使わない手はないでしょう。

時限クーポンで空席を埋め、リピートにつなげる

皆さんは**「時限クーポン」**をご存知ですか？　有名なサービスなので既に利用している人も

多いと思いますが、改めて説明すると、パソコンやスマホに対してネットを通じて配布する、使える時間が限定されたお店の電子クーポンのことです。

例えば、昼すぎに雨が降り出したら、飲食店などは客足が遠のくので、時限クーポンを配布し始めます。

使える時間は、夕方には晴れると予報されているので3時間後までに設定。すると、店の周辺を歩いているクーポンサイトの登録者のスマホに、時限クーポンが表示されるため、来店を促せる。簡単に言うとこんな仕組みです。

具体的には、**「イマナラ!」という時限クーポンサイト**があります。新宿や渋谷にいればありとあらゆる時限クーポンがスマホの画面に現れます。各クーポンには「50%OFF、あと2枚、残り30分」などと表示され、ユーザーの購買欲を煽ります。まさにトレーサーバッジと同じような発想がビジネスに活かされているわけです。

店舗側にとっては、雨の日の空席を埋められるし、**新規顧客を獲得できればその後のリピートにもつなげられます**。長い目で見れば大幅な割引も決してムダにはならず、いわゆる「損して得とれ」の商売がやりやすくなるのです。

トレーサーバッジ＋セールススキルで効果倍増

「スマポ」という位置情報を利用したサービスも話題です。スマポは、お店に行くだけでポイントを貯めることができる無料アプリ。スマホにインストールされたアプリを店内に設置されたセンサーが無線通信で検知し、ユーザーはちょっとした操作でポイントが獲得できます。**ポイントが来店動機となるため、上手く使えば店側も効果的な集客が図れます。**

スマポを特に有効活用している店が、**アパレル販売の「アースミュージック&エコロジー」**。店頭に立つスタッフにアルバイトはいなくて、すべて正社員です。アルバイトの売り子さんだと、やる気が感じられないケースもありますよね。でも、同社の場合は、正社員で販売成績がダイレクトに自分の評価に跳ね返ってくるので、売る気満々。気合が違います。そうはいっても、プロなので売ろうというそぶりは微塵も見せません。何気なく近付いてきて、言葉巧みに購買意欲を盛り上げていきます。セールスに嫌みがなく、この店は本当に上手い。だから、**スマポのポイントを目当てに入店したら、その時点で勝負はついているようなもの。**気が付いたら、洋服の入った紙袋を手に提げて店を出ていますよ（笑）。**トレーサーバッジの発想とセールススキルを上手に絡めると、効果は倍増する**わけです。

アメリカだと、**「Foursquare」**をはじめ様々な位置情報サービスが展開され、ビジネスでの活用事例も豊富。位置をチェックインするとポイントが加算され、他の登録者とポイント獲得数を争えるなど、ゲーミフィケーション（ゲーム化された仕組み）の要素が強いものが多いようです。日本でも今後ビジネスでの利用がより加速するでしょう。

リスクマネジメントサービスにも使える

行政でもトレーサーバッジ的な発想が活かされている事例を目にします。例えば、西東京市がリサイクル資源になる古紙がゴミの集積所から勝手に持ち去られることを防ぐため、**古紙にGPS装置を取り付けて、持ち去る業者を特定する試み**を実施。トレーサーバッジにおけるレーダー地図の代わりに、タブレット型端末を使って監視しているそうです。取り組みを広く告知し、抑止効果も狙っています。

また、電車の運転士のうっかり防止のためにも活用されています。名付けて**「GPSトレインナビ」**。GPSによって列車の位置を特定し、その位置情報をもとに運転士に対して音声とモニタ表示によって様々な注意を喚起するというものです。鉄道ではオーバーランを起こすことがありますが、このシステムで停車駅や制限速度、ブレーキ位置などを運転士に教えることによって、オーバーランなどのミスを減らせる効果が期待できます。こうして**リスクマネジメント分野にも広く利用が進んでいる**わけです。

リスクマネジメントと言えば、**NTTドコモが提供する「ワンタイム保険」**という新種の保険にも、トレーサーバッジ的な発想が取り入れられています。スキー場やゴルフ場、空港を訪れると、GPS機能が働いて、適切な1回だけの保険（1泊2日など）を案内してくれるというもの。

例えば、スキー場ならスポーツレジャー保険、ゴルフならゴルファー保険、空港なら海外旅行保険などで、300円からの少額保険です。これも**顧客が求めそうなものをタイムリーに提供できる好例**ですよね。

トレーサーバッジでは、時限クーポン、来店ポイント、ワンタイム保険などの応用例を紹介しましたが、これ以外にもまだまだ使えそうな商品やサービスはいくらでもあると思います。

皆さんも、日々の生活の中で、「今○○があったら絶対に買うのに」とか「さっきから歩き回って○○を探しているのに見つからない」という経験は意外とあるでしょう。それを「はいどうぞ」とトレーサーバッジの発想を使って、ナイスタイミングでマッチングさせられたら、誰しもが利用するようになるはずです。まずは、**自分自身のニーズをベースに、活用アイデアをひねり出してみる**といいでしょう。

POINT

- トレーサーバッジはGPSとスマホで既に実現している。
- トレーサーバッジを使えば、「損して得とれ」のサービスが容易に。
- トレーサーバッジ×セールススキルで効果は倍増!
- 位置情報サービスは先取りして将来のビジネスにつなげる。
- 「今○○があったら絶対買うのに」という体験がヒントになる!

第5章

デキる21世紀型人材になりたければ「のび太」を目指せ！

知られざるのび太のビジネスセンス取り入れれば、事業を成功に導ける！

「はじめに」でも触れた通り、のび太にはビジネスのセンスがあって、ストーリーの中ではひみつ道具を使って様々な商売を思い付いては、躊躇することなく始めています。

その1 実際の例を見ていきましょう。

四次元たてましブロック（27巻）…戸建て住宅の階数を増やせる道具で、ミニチュアの家の1階と2階の間に積み木のようにブロックを挟むと、実際の家もミニチュアと同様に階数が建て増しされます。のび太は階数を増やして、マンション賃貸業を営むことを発案。ジャイアンやスネ夫、しずかちゃんに1カ月100円で貸して儲けようとたくらみます。

まだあります。注目したいのはその目の付けどころです。**ドラえもんが「これは使えそうに**

ばビジネスに結び付けようとしています。

ない」と諦めた道具でも、のび太は「こんなことに使ってみよう」と発案し、それをあわよくばビジネスに結び付けようとしています。

コエカタマリン（12巻）…液状の薬で、飲んで大声を出すと、その発した言葉が物体化して固まり、大きなカタカナの文字になって音速で飛んでいきます。のび太は「ワ」の字が一番乗りやすいことを発見したり、飛んでいく声に乗って音速で移動したりするなど、**優れた発想力を発揮して実行しています。**

強力うちわ「風神」（13巻）…仰いだときに発生する風の大きさが、普通のうちわよりはるかに大きいことが特徴。のび太は2つのうちわを両手に持って仰ぎ、空を飛ぶスポーツを考案。涼むためのうちわからスポーツを生み出す、**常識にとらわれない自由な発想は、のび太ならではです。**

地図ちゅうしゃき（45巻）…大型の注射器。上部の穴から荷物を入れて、地図の送りたい場所に針をさして注射器を打つ要領で押すと、その場所に届けることができます。これを見たのび太は「ドラネコたっきゅうびん」という宅配ビジネスを発案して、1個10円で宅配する商売を始めます。

暗くなる電球（10巻）…名前の通り、つけると真っ暗になってしまう電球。ドラえもんは「使い道がない」と諦めていましたが、のび太は徹夜明けの父親が昼間は明るくて眠れないとぼやいているのを見て「夜を1時間10円で売る」ことを思い付きます。まずは**家族で使い道を探る**というのはまさにビジネスでいうテストマーケティングの手法。商売になることを確信したのび太は、昼間はだらけてしまうという受験生に売ったり、赤ちゃんを寝かしつけたい母親に販売したり。また、公園でデートするカップルに売ったりするなど、次々と売り先を見つけて稼ぎます。**一見使えないものを優れた発想で使えるものにする。これがのび太の真骨頂です。**

イキアタリバッタリサイキンメーカー（20巻）…新種の細菌を作り出す実験装置。レバーを操作して様々な細菌を作ることができますが、名称にもあるように「行き当たりばったり」で、なかなか意中の細菌ができないことが難点。のび太は色々な細菌を作っては試し、木の葉に振りかけると発酵して美味しいジュースになる細菌を発見。「のびジュース」として売り出し、コカ・コーラのように世界中に広めることを夢見ます。この**ダイナミックな構想力ものび太の強み**です。

のび太のビジネス発想こそが裏テーマ

僕はこうした**のび太の発想と行動力**が、実はドラえもんの隠された裏テーマであり、**僕たちビジネスマンが大いに参考しなければならない点**だと思っています。ひみつ道具は夢をかなえてくれる便利なものもあれば、ドラえもんでさえお手上げの、用途が今一つ不明で役に立たなさそうなものもある。

でも、そこで役立たずと切り捨てるのではなく、**何か別のシチュエーションで使うことができないかと考えるのがのび太。1つの商品やサービスに様々な角度からスポットライトを当てて、多面的な観点から活用の可能性を探っていくわけ**です。これって優れたマーケッターやレボリューショナーと同じ発想法です。

のび太の発想は本当に自由です。動かない扇風機を見たらどうしますか？　当然捨てますよね。でものび太の答えは「暑くない日に使えるよ」。また、底に穴の開いたグラスを見つけたら？　これも普通は捨てるでしょうけど、のび太は「何も飲みたくないときに置いておけばいい」。何もこの通りにやれと言っているのではなく、これくらい自由な発想が重要だと僕は思うのです。

結局、使う人の発想次第で、その商品やサービスが活かされることもあるし、逆に日の目を見ずにフェードアウトしてしまうこともある。ビジネスマンとしては、**のび太の「使えないものを使えるようにする」という発想を身に付ける**ことが、今もこれからの時代も求められていると言えるでしょう。

例えば、ひみつ道具の1つである**「見えなくなる目薬」**。目薬をさすと他人の姿が見えなくなるという、一見使い道がなさそうなものですが、アナタならどう使いますか？　僕ならセミナーや講演会の前にさして、聴衆が見えなくなるようにします。そうすれば緊張せずに話せますから！　使えないものについて、自分ならどうするかと考えていくこともいいトレーニングになりますよ。

学びたい！　のび太のビジネス発想　その1

商品やサービスに様々な角度からスポットライトを当てることで、活かせる状況や場面を多面的に探り、「使えないもの」を「使えるように」する！

その2 売り込みは逆効果という教訓

さらに、のび太の発想からはビジネスの本質も学び取ることができます。わざとらしいしぐさ、作られた笑顔、あまりにも美化しすぎるセリフ……。僕たちの周りには色々な広告や宣伝がありますが、そういう売り込み色が強い広告って、正直嘘っぽくて、「本当に美味しいのか」「本当にキレイなのかな」と、逆に疑ってしまいますよね。

知り合いにサクラになってもらい、ブログやレビューで商品をベタボメしてもらう「ステマ（ステルスマーケティング）」がよく話題になりますが、これもあまりにもほめ過ぎていて、「何だかおかしいな」と多くの人が感じ入るのが実状。ステマはたとえネタバレしていなくても、あまり効果がないというのが僕の持論です。ちょうど、売り込まないことの大切さを教えてくれる話が、のび太が商売を展開するストーリーの中に出てきます。

遠写かがみ（14巻）…この鏡に何かを映すと、その映ったものを遠くの鏡や、鏡のように光を反射する窓、ドア、水たまりなどに映し出すことができます。映し出す範囲は家の中から町中まで調節可能。例によってドラえもんが「使い道がない」と壊して捨てようとしたところ、のび太が待ったをかけ、商店の広告を引き受けて、町中の鏡や窓にコマーシャルとして流すことをひらめきます。値段は15秒スポットで100円。でも、営業してもスポンサーは付かず、仕方なく潰れそうな店の広告を無料で流しました。しかし、「うまい、大きい、安い」「お菓子の三冠王」などとわざとらしい宣伝をしたところ、逆効果でみんなの反感を買うことに。結局1人の来店もなく、店主は店をたたむ決断をします。そこで、店主は残っている店のお菓子をドラえもんとのび太に薦めます。彼らはその様子がコマーシャルで流されていることを知らずに、本音で「うまい、うまい」と食べます。すると、町中の鏡や窓にその自然な姿が映り、店に客が押し寄せ大繁盛したのでした！

強い売り込みは失敗する。逆に自然な宣伝やPRは成功する確率が高くなる。僕も常に気を付けていることですが、それをのび太の商売で改めて教えられた気がしました。

学びたい！　のび太のビジネス発想　その2

わざとらしい、押しつけがましい売り込みは必ず失敗する。相手がどう思うかを常に考えて、売り込まれていることを感じさせない広告や営業を展開することが肝心。

その3 崇高なビジョンがビジネスの原動力に！

僕は、のび太が持っている崇高な経営理念にも、時に驚かされ、時に感動さえ覚えることがあります。例えば、のび太がひみつ道具の玩具の飛行機「三輪飛行機」を使って、「のび太航空」を立ち上げる話に出てくるセリフです。

三輪飛行機（28巻）……三輪車と飛行機を合体させた、未来の遊園地向けの遊戯道具。座席は前後2つで、先頭の座席でペダルを漕ぐと飛び立ち、ハンドルを操作して左右に曲がったり、宙返りしたりもできます。のび太は持ち前の起業家精神を発揮し、すかさず「のび太航空」を設立。空き地を飛行場として、1キロもしくは10分につき10円で空の旅が楽しめるサービスを開始します。しかし、ジャイアンやスネ夫、しずかちゃんからは「飛行機ごっこ」とバカにされる始末。ドラえもんが「だから気が進まなかった」と騒ぎ出すと、のび太は毅然として次のようなことを言います。**「どんな事業でも最初から上手くはいかない。この飛行機の本当のよさがわかれば、客は自然とつめかけてくる」**。

まるで、世界的な起業家の口から出てきたような感動的な名言。正直言って、僕は同じ起業家として胸が熱くなりました(笑)。その通りです。新しいビジネスを興すとき最も重要なことが、成功するまで決してあきらめないこと。松下幸之助語録に**「失敗したところでやめてしまうから失敗になる。成功するところまで続ければ、それは成功になる」**という格言がありますが、のび太はこの大経営者と同じ気持ちでビジネスに取り組んでいることがわかります。

かわいいぬいぐるみには旅をさせよ!

同じように崇高な経営理念を掲げてビジネスに挑んでいる会社は、世の中にもたくさんあります。テレビや雑誌などで何度も取り上げられ有名になっている**山口絵里子さんが設立した「マザーハウス」**。**「途上国から世界に通用するブランドをつくる」**という理念のもと、バングラデシュで製造したジュート(麻の一種)や牛革のバッグを欧州や日本で販売し、高い評価を得ています。現地の女性たちに職を与え、貧困問題の解決にも大いに貢献しています。

病児保育事業を展開する「NPO法人 フローレンス」も「こどもの熱や軽い病気の時に、安心して預けられる場所が圧倒的に少ないという『病児保育問題』を解決する」という崇高なミッションを掲げています。誰もが問題だと思っていてもメスを入れなかった領域に果敢に挑んでいくその姿勢には本当に頭が下がります。

「ウナギトラベル」という会社では僕が大好きなサービスを提供しています。病気などを理由に旅行ができない人に、好きなぬいぐるみを郵送してもらい、スタッフが本人の代わりのぬいぐるみとともに希望の場所を旅行し、旅先での写真をデータで納品するというもの。名付けて**「ぬいぐるみの旅行代理店」**。大切にしているぬいぐるみが行けば、寝たきりだったりする自分も旅行した気分になり、思い出になる。コンセプトは**「大切な人に、ウナギトラベル。誰にでもアドベンチャーを」**。すごくいいサービスですよね。

カンボジアに100万食を送ったプロジェクト

あとは靴磨きの仕事で若者が崇高なビジョンを掲げて取り組んでいるユニークな事例。普通、靴磨きの仕事は3Kのイメージがあって、若者はやりたがらないじゃないですか。でもその若者は**「足元から日本を変える!」**というビジョンを掲げて、洒落たボードを看板にして、日夜靴を磨き続けました。その結果、ある経営者からのサポートを受け、今では**南青山に靴磨き店**

「ブリフト・アッシュ」を構えています。全国の靴の愛好家から靴磨きの注文が宅配で届くほか、法人からもまとまった注文を受けているそうです。

日本唐揚協会のビジョンも崇高ですよ。何せ**「日本唐揚協会は唐揚げを通じて世界中の人々を幸せにし、世界平和を目指す団体です」**と宣言しているわけですから。このように宣言することによって、活動内容や団体の価値が高まりますよね。イメージアップにもつながる。人々を引き付け、賛同者が増えることで活動範囲も自然と広げていくことができます。

また、世界的企業では、言わずと知れた**「アップルコンピュータ」**。**「普通の人にコンピュータを届ける」**は創業者スティーブ・ジョブスが残した起業期の壮大なビジョン。広告ではあまりにも有名なスローガン**〝Think different〟**が話題になりましたよね。**「スターバックスコーヒー」**の**「職場でも家庭でもない、第3の場所」**も非常にわかりやすいビジョンであり、メッセージです。

僕もささやかながら「ハッピースマイルミサンガプロジェクト」というキャンペーンを展開したことがあります。1個ミサンガを買うと、10食分の給食がカンボジアの子どもたちに送られるというもの。これが大ヒットしたんですよ。約10万個が売れて、１００万食を送ることができました。

皆さんも崇高なビジョンを掲げる事業を一度考えてみてもいいと思います。共感を得られれば、商品やサービスの価値を向上させることができ、ヒット商品にすることも可能。それが社会的な問題の解決につながれば一石二鳥ですよね。ポイントは**崇高なビジョンを社内外に熱く語りかけることによって、上手く人を巻き込んでいくこと。周りの社員や外部の個人、法人が、ビジョンを共有してくれれば、成功する可能性が非常に高くなりますよ。**

学びたい！　のび太のビジネス発想　その3

「どんな事業でも最初から上手くはいかない。この商品・サービスの本当のよさがわかれば、客は自然とつめかけてくる」という言葉を胸に、絶対にあきらめない精神で商売に励む。こうした崇高なビジョンは商品やサービスのブランド価値を高め、購買を促す。

その4　のび太はまさしく体験価値を売っている！

このように、のび太から学べることは尽きないのですが、特に僕が感心させられることも言及しておきましょう。それは、**無意識のうちに今のビジネスで最も大切な「体験価値」を売っているということ**。よく言われることですが、**「モノ」を売っているのではなく「コト」を売っている**のです。

「暗くなる電球」の例が一番わかりやすいのですが、ここでも単に電球を売るのではなく、「暗くすることによる受験勉強に集中できる環境」「公園で暗くすることによるロマンチックなムード」「部屋を暗くすることによる赤ちゃんが寝付きやすい状況」を売っているのです。これらはすべて**物質的な価値ではなく、体験する価値**です。モノが売れない時代と言われて久しいですが、こうして**コト（体験）に置き換えることができれば、売れないものも売れるようになる**ことが、のび太の取り組みからは見えてきます。

僕は自分が使っているメガネを例にセミナーなどで話をするのですが、このメガネも普通に売っているのでは、ヒットすることはない。でも**「モテるメガネ」**として売り出したらどうでしょう。こうすれば一気に戦うマーケットが変わります。**メガネ市場ではなく、モテるグッズ市場に進出**することができるのです。言ってみれば今まで視力補正アイテムとして**「よく見える」**ジャンルで争っていたのが、モテるグッズになることによって**「よく見られる」**ジャンルの商品に変わるわけです。モテるグッズ市場ではライバルとなるメガネはないので、まさにブルーオーシャン。ヒットする可能性は非常に高くなりますよね。

メガネはモテる用に改めて新規開発する必要はありません。デザインのカッコいいアイテムを集めて、広告や宣伝の仕方を変えればいい話です。つまり、**モテるという体験価値を売りにする商品に仕立て上げるだけ**。ちょっとしたクリエイティブの変更で、驚くべき効果が期待できます。**モテる市場の方がおそらく高く売れるでしょうから、ヒットするとともに利益にも貢献できる**ようになります。

"必ず茶柱が立つ体験"が人気

第2章で紹介した**「切腹最中」**も、ミスのお詫びにクライアントに行く際の謝罪グッズとして持っていくということで、**和菓子カテゴリーから謝罪カテゴリー**に、マーケットがガラリと変わるわけです。**謝罪が上手くできるという体験価値が売り物**になります。謝罪カテゴリーなんて他の商品はほとんどありませんから、ほぼ独占状態。ヒットしていることもうなずけます。

同じように**「会議活性化弁当」**も**会議を活性化させるという体験価値**を売っています。**弁当カテゴリーから会議活性化カテゴリー**に市場を変えることで、ヒット商品となっています。

体験価値を売る商品は**受験カテゴリー**にも多いですよね。2013年の受験シーズンに話題になったのが**茶柱が必ず立つという「茶柱縁起茶」（縁起茶本舗）**。茶柱は特殊な技術で茶の粉末を固めて作られているそうです。小田急百貨店で販売したところ、3杯分で840円という高価格にも関わらず、売行き好調だったと聞きます。これも**受験前に茶柱が立つという吉事の前触れを味わえる体験価値**を売り物にした商品ですよね。**激戦の日本茶カテゴリーから抜け出し、受験カテゴリー**で売上げを伸ばすことに成功しているわけです。

他にも**ネスレのロングセラー商品「キットカット」が「きっと勝つ」**に商品名が似ていることから受験生に人気。**「カール」（明治製菓）**もパッケージをお守り袋のデザインにして、頭に「ウ」を付けて商品名を**「ウカール」**として販売したり、**「ハイレモン」**（同）が商品名を**「ハイレルレモン」**に変えて販売するなど、近年、菓子メーカーが合格祈願という体験価値を売ろうと躍起になる例が数多く見られます。レストランで**ステーキとトンカツのセットメニュー**を提供して、**「テキ（敵）にカツ（勝つ）」**として売るのも、立派な体験価値ですよね。

リサイクルも体験価値の要素が大きいですよね。ブックオフに古本を売っても大したお金にはならない。でも捨てるよりは誰かの手に渡って読まれる方がいいという**「リサイクル体験」をしたくて、古本を売る人が多いのではないでしょうか。**古着にしても、トレジャーファクトリーに持っていっても、売却代金はたかが知れている。あるいは、フリーマーケットで売ってもそれほど儲かるわけではない。でもあえて売るのはリサイクル体験をしたいからでしょう。

Ｆｒａｎｃｆｒａｎｃの部屋で歌いたい！

カラオケボックスも体験価値を重視する傾向があります。もちろん「歌う」という本来の体験とは別の体験を用意して、需要を喚起しています。例えば5年ほど前の話にはなりますが、**通信カラオケ機器「ＵＧＡ」**では、モーニング娘。や倖田來未、ＢｏＡなどの楽曲を歌うと、世界の子どもたちにミルクを寄付できるキャンペーン**「Ｏｎｅ Ｓｏｎｇ，Ｏｎｅ Ｍｉｌｋ」**を展開。**歌って子どもたちを助けるという体験価値**に人々の注目が集まりました。

カラオケルームチェーンの**「ビックエコー」**はインテリアショップ**「Ｆｒａｎｃｆｒａｎｃ」**とコラボレーションした女性専用の「Ｆｒａｎｃｆｒａｎｃルーム」を設置。ビックエコーは**Ｆｒａｎｃｆｒａｎｃのお洒落な家具や備品の中で思う存分歌う体験価値**を求める女性の需要を取り込むことができ、Ｆｒａｎｃｆｒａｎｃは自社の家具のショールームとして使えるという、両社にメリットがある事業として注目されています。

今後は体験価値でしかモノは売れない？

その他も世の中は体験価値のオンパレード。というより、**体験価値に重点を置いたものしか、もはや売れなくなっている**といっても過言ではありません。最近増加傾向にあるのが、**体験ギフト**。専門のオンラインストア**「SOW EXPERIENCE」**ではスパやリフラクソロジーなどのリラックス体験はもちろん、貸切映画館体験、ヘリによるスカイクルーズ体験など、様々な体験ギフトを販売し、これが結構な人気を呼んでいます。

ファッションもよくよく考えてみたらその洋服が欲しいというより、**流行に乗っているという体験**を買っていると見ることもできます。**スイーツや話題のグルメ料理**にしても、純粋に味わいたいという気持ちよりも、**ネタとして人に話したり、SNSで拡散させたりする体験**をしたいという思いの方が強いのではないでしょうか。

電車も単なる移動手段としてではなく、**豪華寝台列車「ななつ星」（JR九州）**のように、**贅沢なクルーズトレイン**という体験を売ることが重要視されるようになっています。ななつ星は予約が殺到し、消費者にも体験重視の風潮がすっかり浸透していることがうかがえます。

何度かお話している僕が大当たりした**カラコン事業**でも、雑誌広告で**「美容整形の体験を数**

秒でできる」と宣伝し、爆発的に売れたことがあります（カラコンを目に入れるとまるで美容整形したように瞳を大きく見せることができる）。**より体験価値を高めるような訴求方法をするだけで、商品は同じでも売れ方が全く違ってくる**わけです。

そろそろ、**モノをモノとして売るのはやめましょう。モノはコト（体験）として売りましょう。**これを意識するだけで、売れなかったものが売れるようになります。皆さんものび太のビジネス発想法を見習って、体験価値の考え方をビジネスに活かしてください！

学びたい！　のび太のビジネス発想　その4

のび太は無意識のうちに体験価値を売っている。同じ商品やサービスでも、〝体験価値〟を訴求するだけで売れ方は全く変わってくる。今後はますます体験価値重視の傾向は強まるので、モノをモノとして売るのはやめて、モノはコト（体験）として売ることを心掛ける！

おわりに

成功するには、常識にとらわれない自由な発想が大事だと言われます。僕はこの「自由な発想」を持つために最も重要なことは、「大人になっても子どもの発想を持ち続けること」だと思っています。

子どもの発想とは、とにかく「欲に忠実に生きる」ということ。その点、のび太はひたすら欲に忠実に生きています。勉強やスポーツは確かにダメ。でも、彼は欲を実現させるために抜群の観察力と自由な発想力を発揮し、ひみつ道具を使いこなします。あれこれ考えずに、やりたいことに集中していく行動力もあります。さらにみんなの「欲」を達成させるためにチームをまとめる力を持っています。つまり、リーダーとしての統率力もあるのです。

のび太と正反対のキャラクターとして、『ドラえもん』には出来杉君というキャラクターが出てきます。勉強もスポーツも万能で、のび太はいつも出木杉君に負けて、悔しがっています。でも、果たしてこれからの時代、仕事ができるようになるのはどちらでしょうか。そう聞かれたら、僕は迷うことなく、優等生スタイルの出来杉君よりも、〝欲の塊〟であるのび太の方がデキる男になると答えます。

プライベートでも、ビジネスでも、とにかく欲しいものを手に入れるために、子どものように欲に忠実に生きる。これがすべての原動力になり、脳が活性化されて、自由な発想が生まれるわけです。僕もモシナラ発想をフル活用しながら、常に欲に忠実に生きています。

皆さんは出来杉君型の優等生スタイルを目指し、仕事や会社に面白さやワクワク感を覚えることができなくなっていませんか？　あるいはひどく悩み、苦痛を感じ、無気力になってあきらめグセがついていませんか？　今の世の中、そんな人が多いのではと、危惧しています。

僕は経営者、株主、従業員という3つの立場で色々な会社や組織で仕事をし、様々な成功者と出会ってきました。そんな中で、成功している人には2つの共通項があることに気付きました。それは、「欲に忠実に生きる」「あきらめない」ということ。これがすべての成功を決定付ける要因だと思っています。もしくは、まだ「成功者」といえるステージにはなく、その途上にある人でも、やはり「欲に忠実に生きる」「あきらめない」を実践している人は、とても楽しそうに仕事の話をしてくれます。

考えてみれば、「何事もあきらめずに、欲に忠実に生きていけば、夢は必ず叶う」と教えてくれたのも『ドラえもん』でした。のび太の生き方や考え方、そしてドラえもんのひみつ道具から、僕は実に多くのことを学んできたと改めて実感しています。

皆さんにも「欲に忠実に、色々なものに挑戦しよう」「失敗して転んだら、また起き上がればいいじゃないか」というチャレンジ精神を大切にしてほしいと思います。そして、のび太の隣にはいつもドラえもんがいたように、あなたの身近にいつも本書を置いて、仕事はもちろん、自己実現にも役立てていただきたいというのが僕の願いです。そして、いつか本書を読んで下さった方と、夢のビジネスを一緒に実現できればいいなと考えています。

最後になりましたが、本の完成まで導いてくれた髙橋学氏、サポートしてくれた阿部貴秀氏、編集の出雲安見子氏、ご支援下さった方々に御礼申し上げます。また、本書のタイトルにも使わせていただいている『ドラえもん』という素晴らしい作品を残された藤子・F・不二雄先生に感謝いたします。

この本を読んで下さったあなたが、仕事の中に新たな楽しみを発見し、より充実した日々を過ごされることを祈っています！

渡邊健太郎

参考資料　てんとう虫コミックス『ドラえもん』1～45巻、『ドラえもん最新ひみつ道具大事典』（ともに小学館）

注：漫画『ドラえもん』の中では、「しずちゃん」という表現が使われていますが、本書ではテレビアニメなどで多くの人になじみのある「しずかちゃん」という表現を使用しています。

著者紹介

渡邊健太郎　ビジネスコンサルタント。1977年生まれ。学生時代に創業し、様々なビジネスに挑戦。徹底的に現場経験を積んだ。現在は、株主、経営者、実務担当者の３つの立場から、複数の事業の運営に携わる。中小企業の中に埋もれたビジネスの種を掘り起こし、次世代起業の可能性を探るほか、使い捨てカラーコンタクトレンズのネット通販事業も展開。その会員数は日本最大規模の約65万人、年商は15億円を突破している。アイデア発想やビジネスモデルについて教えるセミナーも好評で、受講は常に順番待ちの状態。
（URL）http://watanabekentaro.org/

スタッフ
デザイン　orange bird
編集協力　髙橋 学
協力　阿部貴秀

仕事《しごと》のアイデアはみんなドラえもんが教《おし》えてくれた

2013年８月５日　第１刷

著　　者　渡邊健太郎《わたなべけんたろう》

発 行 者　小澤源太郎

責任編集　株式会社 プライム涌光
電話　編集部　03(3203)2850

発 行 所　株式会社 青春出版社
東京都新宿区若松町12番１号 〒162-0056
振替番号　00190-7-98602
電話　営業部　03(3207)1916

印　刷　中央精版印刷　製　本　ナショナル製本

万一、落丁、乱丁がありました節は、お取りかえします。
ISBN978-4-413-03893-5 C0034